가짜세상 가짜뉴스

가짜세상
가짜뉴스

뉴스는 원래 가짜다

급소를 찌르는 미디어 인문학

유성식

행복우물

목 차

PART 1. 뉴스는 거짓말

PART 2. 미디어가 '만드는' 뉴스

PART 3. 뉴스의 빅브라더

PART 4. 혼돈의 대중

PART 5. 가짜뉴스

그럼에도 불구하고, 객관의 가치를 내려놓을 수는 없다. 언론은 어딘가에 우리의 주관과는 독립적으로 존재하는 실체적 진실이 있을 것이라는 전제를 그려놓고 한 걸음 한 걸음 나가야 한다.

재미있고 실감나는 가짜뉴스 통찰

"언론은 사회의 공기(公器)이며 사회의 목탁(木鐸)이다." 이는 중학생 시절 배운 것으로 아직도 내 마음속에 신념처럼 남아있는 말이다. 언론의 뉴스가 사실관계를 정확히 밝히고 그 바탕 위에 보편타당한 평가 분석을 통하여 사회를 바른길로 이끄는 역할을 한다면, 위 명제는 더할 나위 없이 적확한 것이다. 그러나 현재의 언론이나 관련된 정치 사회환경을 보면 그대로 수긍할 수 없는 형국이다. 오히려 사회 혼란과 국민 분열을 야기하고 있는 상황이다. 영국 옥스퍼드대학교 부설 <로이터 저널리즘연구소>가 2020년 6월 공개한 '디지털뉴스리포트 2020'에 따르면 한국인들의 뉴스 신뢰도는 21%로 조사 대상 40개국 중 40위로 2017년부터 2020년까지 4년 연속 꼴찌를 기록하고 있다고 하니, 나의 앞 지적은 주관적인 것만은 아닐 것이다. 왜 이럴까? 문득 최근 가수 나훈아씨가 부른 "아! 테스(소크라테스)형, 세상이 왜 이래"라는 노래 가사가 생각난다. 나훈아씨는 답을 얻지 못했지만 그래도 우리는 그 원인을 탐구하고 어렵지만 해결책을 찾아 나서야한다.

유성식 교수가 이번에 이런 문제를 다룬 책 "가짜세상, 가짜뉴스"를 출간하였다. 가짜뉴스가 출현하는 현상과 그 원인을 분석하고 나름대로 해결책을 제시한 책이다. 유성식 교수는 20여 년간 신문사 기자로 활약하였고, 그 후 청와대 비서관과 국무총리실 공보실장을 역임하면서 언론 관련 업무에 종사하였다. 공직생활을 마친 후에는 본격적으로 학문으로서의 미디어를 공부하고 대학에서 관련 과목을 강의하는 등 바쁘고 알찬 나날을 보내고 있다. 나와는 국무총리 시절 함께 일한 인연을 이어오면서 교류하는 사이다. 이번 책 출판과 관련하여 추천의 글을 부탁받고 기꺼이 응하며 건네준 원고를 즐거운 마음으로 읽었다. 한마디로 유익하고, 재미있기까지 하였다. 저자가 일선 현장에서의 실무 경험을 바탕으로 학문적 연구를 한 결과물이니 균형감 있고 실감이 가는 내용이었기 때문이었다. 특히 미디어에 관련된 유명

외국 서적들과 그 내용을 요령 있게 소개함으로써 나로서는 관련 지식을 손쉽게 습득하는 소득을 얻은 셈이다.

먼저 저자는 뉴스의 생산 과정을 통하여 가짜뉴스 출현의 다양한 가능성에 대하여 설명한다. 송신자(취재원), 미디어, 수신자(수용자) 사이의 다양한 상관관계, 언론사 내부의 업무 시스템과 관행, 이것들을 관통하는 상업주의와 정파성 등을 실감나게 소개한다. 또한 대중까지 이에 가세하여 쏟아내는 정보를 선택적으로 편식하며 '끼리끼리 소통'하고, 사실과 다른 자기들만의 기만적 합의, 즉 '거짓 일치'를 만들어 냄으로써 여론이 극단화 파편화하고 있으며, 그 책임을 미디어에게만 돌릴 수는 없다고 지적한다. 특히 이런 현상은 디지털 기술의 발전과 더불어 더 심해질 것이고 시장의 혼돈은 나날이 깊어질 것이며 이에 대한 공적 통제는 불가능하고 자정(自淨)을 기대하는 것은 어려울 것이라고 진단한다. 그러면서도 이에 대한 처방으로 '미디어 리터러시(media literacy : 미디어의 다양한 콘텐츠를 보거나 듣거나 읽어서 이해하고 비판하고 분별할 수 있는 능력)' 능력과 습관을 키울 것을 권하며 그에 관한 몇 가지 방법을 제시하고 있다. 그러나 저자 자신도 인정하듯이 그것이 쉽지 않을 것이다. 결국 사회 구성원 모두가 관심을 갖고 풀어가야 할 문제라 할 것이고, 이 책은

그러한 논의의 단초를 제공하는 책이 될 것이다. 유성식 교수의
계속적 연구와 정진을 기대해 마지않는다.

김황식 (전 국무총리, 현 삼성문화재단이사장)

들어가며

2018년 4월, 필자가 20년 간 몸담았던 <한국일보>를 넘기다가 미국의 역사학자 헤이든 화이트(1928~2018)의 일대기를 읽었다. 그의 부고(訃告, orbituary) 기사였다. 몰랐던 사람이지만, 역사에 대한 그의 관점이 시선을 당겼다. 그는 '사실로서의 역사'를 부정했다. 저서『메타히스토리(Metahistory)』에서 "역사는 이야기이고, 모든 이야기는 픽션"이라고 선언했다. 학교 다닐 때 "역사는 어차피 승자의 기록"이라는 말을 들으며 역사가 객관적 사실로만 구성된 것은 아니라는 것을 알았지만, '객관적 역사'에 이렇게 강렬한 타격을 가한 학자는 본 적이 없기 때문이다. 그래도 장문(長文)의 부고 기사가 게재된 것을 보면서 그의 비판이 그저 파괴적인 수준에 머문 것이 아님을 짐작할 수 있었다.

그는 "역사가는 사실 외에 전하려는 메시지와 이데올로기가 있으며 잘 짜인 서사(narrative)로 독자를 그쪽으로 이끌어간다"며 "역사는 사료(史料) 위에 서기는 하지만, 발견된 만큼이나 창조되며 그런 점에서 역사서술은 입증된 사실이나 사건보다 더 나아간다"고 했다. 또 사료 역시 역사가의 메타적 기획과 상상력으로 선택되고 가공된다는 점에서 '제한적 사실(史實)'이라고 규정했다.

"아! 역사나 언론이나 처지가 비슷하네." 일순 반가웠다. 미디어 전공자로서, 픽션 쓴다고 욕먹는 게 언론만이 아니구나 하는 동병상련(同病相憐)의 감정이 스쳤다. 바닥 모르고 추락하는 한국의 언론 신뢰도는 다시 말하자면 입이 아프다.

그런데 착각이었다. 화이트의 논점은 그게 아니었다. 필자가 이해한 것과 정반대 방향이었다. 요컨대 역사는 과학과 경험주의에 집착하지 말고 상상력을 확장해야 한다는 주장이다. 객관적 사실에서 멀어지는 역사서술을 공격한 것이 아니라, '역사=이야기'라는 점을 인정하고 오히려 객관을 내려놓으라는 주문이었다. 화이트는 역사는 근본적으로 윤리적이고, 정치적이라는 말도 했다. 역사는 사료를 재구성하고, 의미를 부여하기 나름이라는 뜻으로 해석된다. 이런 낭패가 있나. 역시 말이나 글이나 끝까지 듣고, 읽어봐야 한다. 화이트의 이야기를 읽으며 '객관적 사실이라고 하면서, 현실을 전한다고 하면서 온갖 상상력을 보태 비(非)객관과 비현실을 보여주는 언론'을 형상화하고, 격한 공감을 표시했던 경솔함이라니.

화이트가 필자와 생각이 겹치는 부분이 하나 있다. 역사나 뉴스나 픽션(fiction)과 비슷하다는 것이다. 화이트는 역사학계가 그걸 정면으로 응시하고 받아들여야 한다고 강조했다. 얼마나 타당한 말인지 필자는 판단할 능력이 없다. 분명한 것은 언론은 더 이상 그 방향으로 끌려가서는 안 된다는 점이다.

필자는 한국 뉴스에 픽션의 요소가 갈수록 많아지고 있다고 생각한다. 그에 대한 언론의 자괴감은 반비례해 엷어진다고 느낀다. 언론계 밖에서 언론을 관찰하면서, 뒤늦은 공부를 하고 강의를 하면서 이 생각은 점점 진해지고 있다. 화이트에 대한 잠시의 끌림과 오해도 픽션과 연결된 이런 문제의식 때문이었던 것 같다.

여기서 언급한 픽션의 뜻은 화이트와 다르지 않다. '현실에 기반하지만 창조된(오염된) 서술'로서의 픽션이다. '새빨간 거짓말' 또는 '완전 허구'를 말하는 것은 아니다. 언론은 픽션의 요소를 전력을 다해 줄여야 하는 규범적, 당위론적 의무를 지고 있다. 뒤에서 자세히 분석하겠지만, 뉴스는 필연적으로 픽션을 포함시킬 수밖에 없는 영역이기 때문이다. 극심한 혼란의 와중에도 객관성, 중립성, 공정성 등 저널리즘의 가치가 공허하다 싶을 정도로 계속 강조되고 있는 것도 그래서일 것이다. 언론의 진화는 픽션을 줄이고 지우기 위한 노력의 여정이라고 믿는다. 어찌 보면 언론은 숙명을 거부할 때 역할을 제대로 할 수 있는 기구한 운명이다.

하지만 주지하다시피, 상황은 더 나빠지는 중이다. 영국의 대학부설 연구소가 실시하는 나라별 언론신뢰도 조사에서 한국은 40개 대상국 가운데 2020년까지 4년째 꼴찌를 기록 중이다. 꼭 이런 지표가 아니더라도 우리는 이미 느끼고 있다. 각기 이유가 다양하고 대상도 다르지만, 우리 사회에서 언론에 대한 집단적 기피와 혐오를 체감하는 것은 어렵지 않다. 원인은 픽션 배제를 위한 노력의 포기에 있다. 포기라는 표현이 심하다면, 심각한 게으름이다.

어차피 사회적 진실은 만들어진다고, 구성된다고 하는 사람들이 적지 않다. 객관에 대한 집착은 언론의 독점적 저널리즘 권력을 유지하는 도구로 작동할 뿐이라고 비판한다. 형식적 객관주의가 일으키는 언론 현장의 폐해를 필자도 알고 있다. 뒤에서 구체적으로 짚어볼 것이다.

그럼에도 불구하고, 객관의 가치를 내려놓을 수는 없다. 언론은 어딘가에 우리의 주관과는 독립적으로 존재하는 실체적 진실이 있을 것이라는 전제를 그려놓고 한 걸음 한 걸음 나가야 한다. 진짜 그런 것이 있는지는 그 다음의 문제이다.

역사는 픽션이 될 수 있을지는 몰라도 저널리즘은 그래서는 안 된다. 역사는 과거를 연구하지만, 저널리즘이 다루는 것은 현재이기 때문이다. 저널리즘이 픽션이 될 때 우리의 실존과 공동체의 미래는 뒤틀릴 수밖에 없다.

픽션의 문제는 20세기 대중사회의 개막과 함께 방송과 신문 등 매스미디어가 커뮤니케이션의 중심으로 등장하면서 이미 대두됐다. 미디어의 개입은 보도를 위한 원재료의 가공 또는 편집, 재구성을 의미하기 때문이다. 이는 불가피하게 왜곡의 가능성을 내포한다. 이러한 구조적 가능성을 폭발적으로 현실화시킨 것이 언론사의 상업주의, 정파성, 그리고 이를 구현하는 취재와 보도 과정의 관행 및 기자들의 계몽주의적 태도라는 게 다수 학자들의 지적이다.

이 지점에서 진지한 철학적 문제를 만나게 된다. 미디어는 대중이 세상을 보는 창(窓)이다. 수많은 미디어가 전해주는 수많은 뉴스가 쌓여 대중의 머릿속 세상이 그려진다. 그런데 뉴스가 온전한 진짜가 아니라면 어떻게 되는가? 그것은 가짜뉴스 또는 가짜사건이고, 대중이 저마다 알고 있는 세상은 결국 진짜가 아닌 가짜가 된다. 다니엘 부어스틴이 『이미지와 환상』에서 말한 '가짜환경(pseudo environment)'이고 가짜세상이다.

언론은 이 점에 예민한 경각심을 가져야 한다. 항상 물을 거슬러 노를 저어야 하는 팔자이기 때문이다. 조금이라도 방심하고 힘을 빼면 이내 가짜와 만나게 된다. 그러나 필자가 보기에 그렇게 하지 않고 있다. 도덕적 해이(moral hazard)가 목격된다. 어떻게든 익숙한 이야기, 재미있는 이야기, 자극적인 이야기, 선동적인 이야기, 팔리는 이야기를 만들어 내는 데 골몰한다. 그러면서 각박해진 언론시장 탓, 까다롭고 무질서해진 대중의 입맛 탓을 하고 있다.

21세기에 들어 픽션을 생산하는 주체가 하나 더 늘었다. 가짜세상을 만드는 협력자들이다. 바로 대중이다. 디지털 미디어 시대의 대중은 뉴스를 만들어 SNS와 포털, 유튜브 등 온라인 플랫폼을 통해 유통시킨다.

문제는 질(quality)이다. 기성 언론이 외면하거나 커버하지 못하는 신선한 정보가 제공되기도 하지만, 시장에서 주로 환영받는 것은 그렇지 못한 것들이다. 나쁜 상품이 좋은 상품을 내쫓는 시장의 역설이 작용한다. 유통을 통제할 방법도 마땅치 않다. 급기야 대중에 의한 진짜 '가짜뉴스(fake news)'마저 등장했다. 이건 위에서 언급한, 온전한 진짜가 아니라는 의미의 가짜뉴스와 다르다. 돈과 선동이 유일한 목적이다. 이에 환호하는 팬덤(fandom)까지 형성돼 있다. 자기들의 생각을 극단적이고 선정적으로 대변해주기 때문이다. 이는 뉴스시장에 대한 거대한 교란요인이다. 대중의 콘텐츠가 기성언론으로 역류하는 경우도 이제 드물지 않다. 신문과 방송이 그 내용을 어떤 형식으로든 소화해 면피를 해야 한다는 압박을 느낄 만큼 '재야 뉴스'의 영향력은 커지고 있다.

현대의 대중은 스스로가 과거에 비해 스마트해졌다고 자부하고 있다. 디지털 기술과 '연결된 개인들'의 힘 덕분이다. 그럴수록 뉴스 시장에서 목소리를 높이고 재미를 보겠다는 욕구는 더 커질 것이다.

필자는 이런 상황에 대한 긍정 평가와 낙관적 전망에 동의하기 어렵다. '뉴스권력의 분산'이나 '표현자유의 진화'라는 의미 부여를 알고 있지만, 드리워진 그늘이 더 넓어 보이고, 걱정이 앞서 다가온다. 온라인 대중의 가세는 뉴스의 혼란을 훨씬 난해한 국면으로 이동시키고 있다.

2017년 영국의 한 회사는 50명의 노벨상 수상자를 대상으로 향후 인류에게 가장 큰 위협이 될 존재가 무엇인지를 묻는 설문조사를 실시했다. 1위는 인구와 환경문제였고 핵전쟁, 전염병 등이 뒤를 이었다. 그런데 1명이 페이스북을 지목했다. 서울대 장대익 교수가 쓴 『사회성이 고민입니다』라는 책에 나오는 구절인데 페이스북을 찍은 사람이 누구인지, 그 사람이 왜 그렇게 생각하는지에 대한 정확한 설명은 없다. 단지 저자는 초(超)연결사회에서의 개인 의견 휘둘림과 여론 왜곡 등의 부작용이 인류에게 재앙을 초래할 가능성을 암시한 것으로 해석하고 있다. 아주 흥미로웠다. 또한 다니엘 소로브는 『인터넷과 평판의 미래』에서 "인터넷의 무한한 자유가 결국 우리를 속박할 것"이라며 적절한 법의 통제를 강조하기도 했다. 필자는 소로브의 문제의식에 공감하면서도 대책은 비현실적이라고 생각했다. 법은 디지털 미디어가 만들어내는 전대미문의 난맥상과 변화의 속도를 결코 따라잡을 수 없기 때문이다. 법이 '미네르바의 부엉이'만 돼도 다행이다. '미네르바 부엉이'는 대책이 만들어지려면 현상에 대한 객관적인 파악과 판단을 위한 시간이 전제돼야 한다는 뜻의 비유인데 그때쯤이면 지금의 속도로 볼 때 상황이 벌써 달라져 있을 게 분명하다. 적절한 해결책을 찾기 어렵다고 말하는 것이 현실적이다. 뉴스와 여론의 타락은 가속도가 붙을 확률이 높다.

이 책은 '픽션으로서의 뉴스'가 생산되는 구조와 메커니즘을 미디어와 송신자(권력기관), 수신자(대중)로 나누어 구석구석 들여다보는 데 목적이 있다. 필자는 뉴스가 왜 자꾸 픽션이 되는지의 이유를 독자들이 분석적으로, 정확히 알게 되기를 바란다. 이를 위해 학자 및 전문가들의 관련 이론과 베스트셀러를 가급적 많이 소개하려고 노력했다. 검증된 이론과 사례로 논지를 뒷받침해야 설득력이 커지기 때문이다. 2016년 이후 국제적 이슈로 떠오른 진짜 '가짜뉴스'에 대한 필자의 연구내용 일부를 덧붙였다. 학문적으로 의미 있는 성과가 도출되려면 갈 길이 멀지만, 비교적 싱싱한 현장의 목소리를 들어보는 기회는 될 수 있을 것 같다.

어지러운 뉴스시장에 휘둘리지 않을 수 있는 방법을 끝 부분에 제시했다. 독자들의 슬기로운 뉴스생활에 얼마나 도움이 될지는 잘 모르겠다. 이건 정답이 없다. 개인의 경험과 관점에 따라 다를 것이다. 다만 한 가지, 잊지 말고 공유해야 할 것은 우리가 가짜세상, 가짜뉴스 속에 살고 있다는 사실이다. 그나마 덜 속으려면 정신 바짝 차려야 한다. 보이는 걸 의심하고, 보이지 않는 것을 상상해보는 습관이 그 첫걸음이다.

　'나름 화가'로서 왕성한 집필을 하고 있는 김정운 전 명지대 교수는 『에디톨로지(editology)』에서 "창조는 편집"이라고 주장한 바 있다. 우리 시대의 창조는 완전히 새로운 사실을 만드는 게 아니라, 이왕에 있던 것들을 재구성하는 것이라는 뜻이다. 쥐 한 마리(컴퓨터 마우스)만 있으면 웬만한 정보에 다 접근할 수 있는 세상이니 그 정보들을 이리저리 조합하면 얼마든지 새로운 이야기를 만들어 낼 수 있다고 했다. 이 말은 내공이 부족한 필자에게 용기를 주었다. 다른 사람들의 생각을 빌어 '내 생각의 지도'를 만드는 작업을 해보기로 했다. 결과는 그리 새롭지 않고, 창조와는 더 거리가 멀다. 그럼에도 필자의 언론현장 경험이 함께 녹아 있는 조금 독특한 이야기 정도는 되지 않을까 싶다.

PART. I ─────

News is lie

뉴스는
거짓말

가짜사건

뉴스를 제대로 읽고 이해하고 속지 않으려면 저널리즘에 대한 기본적인 이해가 바탕이 돼야 한다. 저널리즘은 일련의 취재 및 보도 행위라고 정의할 수 있다. 좀 더 있어 보이게 말하면 "자율적 판단에 따라 뉴스를 취재하고 보도하는 활동"이다. 기본 경로는 이렇다.

$$S \rightarrow M \rightarrow R$$

S는 sender, 즉 송신자이다. 뉴스거리를 제공하는 사람, 사건, 상황, 장소 등등을 말한다. 취재원이라는 의미에서 source라

고 쓰기도 한다. M은 media이다. 그리고 R은 receiver, 즉 수신자이다. 미디어를 통해 송신자의 메시지, 그러니까 뉴스를 받아보는 사람들이다. 바로 우리들, 대중이다. 디지털 미디어 시대인 요즘에 receiver는 그저 받기만 하는 수동적 인상을 준다고 해서 audience, 즉 수용자라는 표현을 사용하기도 한다. 그림은 송신자가 발신한 메시지를 미디어가 취재하고 기사로 작성해 수신자에게 전달하는 간단한 구조이다.

너무 상식적인 과정을 굳이 설명할 필요가 있느냐고 할 사람도 있겠지만, 그래도 이건 1940년대 미국 미디어 연구의 할아버지, 비조(鼻祖)격인 헤럴드 라스웰의 커뮤니케이션 모델이다. 대학에서 미디어를 공부하는 사람은 반드시 처음에 만나야 하는 분이고 그림이다. '콜럼버스의 달걀' 같은 것이라고 해야 할까? 막상 답을 보면 시시하다는 생각이 들지만 나오기 전까지는 누구도 정리해내지 못했던, 새로운 발견이다. 의미는 이에 그치지 않는다. 곧 심오한 생각할 거리가 튀어나온다.

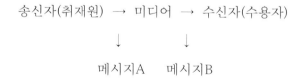

송신자(취재원) → 미디어 → 수신자(수용자)

        ↓   ↓

    메시지A   메시지B

벌써 어떤 느낌이 오지 않는가? 메시지A는 송신자 또는 취재원이 발신한 메시지이다. 이것을 미디어, 그러니까 언론사 기자들이 취재하는 대상이다. 메시지B는 무엇인가? 취재 결과로서 생산된 보도 내용이다. 다시 말해 기사이다.

여기서 질문. 메시지A와 메시지B는 같은가, 다른가? 다르다고 답할 독자들이 많을 것이다. 우리는 이미 미디어가 정직하지 못하다는 이미지를 공유하고 있다. 그러면 왜 다른가? 같은 취재원으로부터 나온 메시지인데 두 가지가 왜 다른가? 이것도 대답하기 어려운 물음이 아니다. 미디어가 메시지A를 가공(加工)했기 때문이다. 편집(edition) 과정을 거치면서이다.

의문이 꼬리를 문다. 다르다면 어느 쪽이 진짜인가? 분명 진짜는 메시지A일 것이다. 그러면 우리가 보는 메시지B는 도대체 무엇인가? 단순하지만, 매우 근본적인 궁금증이다. 대중은 미디어가 없이는 세상 돌아가는 것을 알 수 없다. 가족이나 친지, 학교나 직장 동료들과는 직접 커뮤니케이션(face to face communication)이 가능하겠지만, 소속 집단이 그것보다 커지면 미디어의 개입 없이는 소통이 불가능하다. 우리는 미디어라는 창을 통해 세상을 본다. 미디어가 전해준 뉴스가 쌓이고 쌓여서 세상에 대한 이미지가 만들어진다. 그런데 그 뉴스가 진짜가 아니라니! 가짜사건(pseudo event)이다. 그럼 우리가 알고 있는 세상도 가짜?

$$송신자(취재원) \rightarrow 미디어 \rightarrow 수신자(수용자)$$

$$\downarrow \qquad\quad \downarrow$$

$$메시지A \neq 메시지B$$

사실 뉴스는 대상이 사람이든, 상황이든, 사건이든 관계없이 있는 그대로를 전부 우리에게 전달할 수 없다. 세상에는 하루에도 셀 수조차 없는 많은 일들이 벌어지는데 미디어가 그걸 무슨 수로 다 보도하나? 우리나라의 경우 불과 200~300명의 취재인력(이것도 웬만큼 진용을 갖춘 중앙언론사의 경우다)으로 커버할 수 있는 범위가 얼마나 되겠는가? 취재가 된다 해도 신문지면, 방송의 뉴스시간 등 제약 때문에 다 집어넣을 수 없다. 언론사의 이해와 관점도 끼어든다. 주로 상업주의와 정파성이다. 이런 것들이 메시지A라는 원석(原石)을 매번 변형시키고 있다. 말이 가공이고 편집이지, 실상은 왜곡이고 조작일 수도 있다.

한국의 언론은 너무 자주, 심하게 그런 모습을 보인다고 지탄받고 있다. 하지만 이런 상황은 어느 나라를 막론하고 정도의 차이는 있을망정 지속될 것이다. 웃기는 비약일지 모르지만, 인류가 멸망할 때까지 이럴 것이다. 우리는 미디어 없이는 세상을 도무지 볼 수 없는 맹인들인데, 미디어는 생래적으로 같은 짓을 반복할 수밖에 없는 존재이기 때문이다.

어지러운 시장

뉴스를 오염시키는 주체는 미디어만이 아니다. 송신자(취재원)와 수신자(대중)도 만만치 않다. 앞의 그림에서 송신자가 제공하는 메시지A가 순백의 사실인지, 액면의 내용이 전부일지 조금만 생각해보면 금세 "아닐 것 같다"는 대답이 나올 것이다. 자기들에게 유리하게 해석되도록 뭔가 할 것이라는 추론이 자연스럽다. 또한 송신자는 미디어를 거치지 않고 수용자에게 직접 뉴스를 던져줄 수 있는 수단을 갖고 있다. SNS로 대표되는 소셜미디어다.

디지털 기술로 무장한 채 뉴스 생산자로 등장한 대중은 더 골치 아프다. 그들의 '자유분방한' 콘텐츠 덕분에 뉴스시장은 전에 없이 어지러워졌다. 이는 종종 기성 언론에 역류해 뉴스의 하향평준화를 부르고, 여론을 이상한 모양으로 만든다. 이런 상황을 대입해 최근 뉴스의 흐름을 도식화하면 이렇게 되지 않을까 싶다.

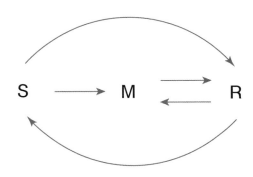

커뮤니케이션 주체들 간 상호작용이 늘어나는 것은 일견 바람직하다. 서로에 대한 견제와 경쟁의 활성화를 의미하기 때문이다. 하지만 그건 오가는 콘텐츠의 수준이 건강할 때의 이야기이다. 말했듯이 미디어가 보도하는 세상에 대한 뉴스는 원천적으로 가짜이며, 언론의 사익(私益)이라는 불순물이 끼어 있게 마련이다. 여기에 송신자와 대중도 자기들이 원하는 무엇을 자꾸 뉴스에 보태려고 하고 반영한다. 뉴스란 과연 무엇인지에 대한 원초적 질문이 다시금 떠오를 수밖에 없다.

이와 관련해 미국의 언론학자인 마이클 셔드슨이라는 사람이 2014년에 쓴 『뉴스의 사회학』이라는 책이 있다. 뒤쪽에서 그 내용을 제대로 다룰 예정인데, 책의 메시지를 요약하면 제목이 암시하듯이 뉴스는 '사회적 산물'이라는 것이다. 미디어의 전유물이 아니라, 구성원 또는 집단의 영향력이 어우러져 만들어낸다는 의미이다. 특히 저자는 구성 집단 가운데 권력의 힘을 주목했다. 뉴스는 결국 사회의 암묵적 합의와 관행에 따라 구성된다. 때문에 이 책에서 사람들의 인식 밖에 독립적으로 존재하는 것으로서의 '객관적 사실' 같은 개념은 상대적으로 흐릿하다. 사실에 대한 구성주의적 시각이다.

뉴스의 타락

그렇다면 이 지점에서 또 질문이 튀어나온다. 그럼 뉴스는 사실인가, 픽션인가? 언론학은 과학인가, 인문학인가? 뉴스가 더 이상 사실에 엄격한 것 같지 않고, 픽션의 요소가 늘어나고 있지만 그렇다고 소설이라고 선언하는 것은 섣부르다. 언론학 역시 사회과학을 표방하며 실증적 방법론을 추구하지만, 비판을 받으면 철학과 규범을 앞세우며 애매한 지대로 도피한다. 필자는 뉴스가 점점 픽션에 가까워지고 있다는 쪽이지만 일도양단(一刀兩斷)하기는 어렵다. 그만큼 상황은 복잡해졌다. 앞으로 더 그럴 것이다. 이에 따라 우리가 뉴스를 통해 보고 있는 세상의 정체도 갈수록 미궁(迷宮)에 빠진다.

혹자는 이런 이항대립(二項對立)적 문제의식은 20세기적 발상이라고 한다. 지금은 서로 다른 것들을 묶어 새로운 것을 만들어내는 '통섭(統攝, consilience)'의 시대라면서 말이다. 그럴듯하게 들린다. 그러나 이런 관점을 뉴스의 문제에 가져오면, 무엇을 어떻게 하라는 뜻인지 잘 모르겠다. 정치인들처럼 "이것도 옳고 저것도 옳다"고 할 수는 없다. 그러기에는 혼란이 너무 심하고, 폐해가 걱정된다.

필자의 결론은 우리가 뉴스 판별을 위한 에너지를 더 쏟는 것 말고는 방법이 없다는 것이다. 미디어와 뉴스시장이 자구노력을 통해 지금보다 나아질 것이라는 기대는 부질없다. 하지만 우리는 이런 뉴스의 매트릭스에서 도저히 벗어날 수 없다. 그럼 해야 할 일은 하나다. 바로 '미디어 리터러시(media literacy)'의 강화이다. 리터러시(literacy)는 문해력(文解力)을 의미한다. 읽고 쓰고 이해할 수 있는 능력이다. 반대말은 문맹이고, 영어로 illiteracy이다. 그래서 미디어 리터러시라고 한다면 미디어의 다양한 콘텐츠를 보거나 듣거나 읽어서 이해하고 비판하고 분별할 수 있는 능력을 말한다. 이걸 키우자는 것이다. 교과서적인 이야기지만, 유일한 방법이다.

우리는 항상 속았다

뉴스 바로 보기는 디지털 미디어 시대의 도래와 함께 최근 부상한 과제가 아니다. 앞에서 보았듯이 미디어가 대중의 커뮤니케이션에 끼어든 그 순간부터 생겨났다. 20세기 신문 구독의 대중화와 TV의 중심 미디어 등극과 함께라고 봐야 한다. 실제와 뉴스는 항상 차이가 있었고, 우리가 무심코 속고 지낸 게 이미 100년이 넘었다. 요즘 들어 왜곡의 양상이 확대, 심화하고 있을 뿐이다. 뉴스는 처음부터 진짜가 아니었다.

눈과 귀를 어지럽히는 현상을 돌파해 본체와 마주하려면 뉴스 생산과 유통의 메커니즘과 현장을 알 필요가 있다. '가짜뉴스' - 새빨간 거짓말이라는 의미가 아니라, 온전한 진짜가 아니라는 뜻에서 이렇게 표현했다 -를 생산하는 주체와 구조와 원인을 파악해야 한다.

　미디어와 송신자와 수신자, 이들 세 주체가 각각 또는 관행적 합의에 의해 생산하는 가짜뉴스는 우리들 머릿속에 쌓여 '가짜세상'을 만들어낸다. 세 단위에서 벌어지는 일들을 파헤치고 이해하면 무엇이 문제이고 어떻게 해야 할지가 떠오를 것이다. 높은 수준의 미디어 리터러시이다. 이는 사유(思惟) 능력을 고양함으로써 삶을 윤택하게 만드는 일과도 무관하지 않은 작업이라고 감히 주장한다.

PART. II ————

미디어가
'만드는' 뉴스

진짜를 본 것은 누구인가?

미국의 트루먼 대통령은 한국전쟁 중인 1951년 4월 11일자로 더글러스 맥아더 장군을 극동지역 사령관에서 해임했다. 맥아더가 누구인가? 1950년 9월 북한의 허를 찌르는 인천상륙작전으로 완전히 기울었던 전세를 단박에 역전시킨 한국전의 영웅이다. 그는 당시 이미 미군의 원수(元帥)로서 역사 상 몇 안 되는 오성(五星) 장군이었으며 2차 세계대전의 영웅이기도 했다. 하지만 한국전에 참전한 중국에 대한 전략을 두고 트루먼 대통령과 갈등했다. 확전을 원하지 않던 트루먼 대통령은 중국 본토 공격을 주장하던 맥아더를 전격 해임했다. 그는 "노병은 죽지 않는다. 다만 사라질 뿐"이라는 의회 연설을 마지막으로 군복을 벗었다.

맥아더는 해임된 후 전국을 돌며 '개선(凱旋)여행'을 했다. 사실 그는 트루먼과 같은 공화당의 유력한 차기 대선주자로 국민적 지지가 높았다. <시카고 트리뷴>과 같은 지역신문들은 "개선장군을 미국 중서부에서 가장 크고 따뜻하게 환영하자"고 분위기를 띄웠다. 하지만 환영식 현장의 상황은 기대와는 적잖이 달랐다.

군중 사이에 끼어 실제 퍼레이드를 본 사람들은 구경꾼들이 워낙 많아서 무엇이 어떻게 돌아가는지 도무지 알 수가 없었다. 수시간 동안 퍼레이드를 기다렸지만, 그들 중 운이 좋았던 몇 명만이 아주 짧은 사이에 맥아더를 먼발치에서 흘끗 보았을 뿐이었다.

그러나 TV의 앵글은 달랐다. 시청자들은 무수한 카메라 덕분에 현장을 자세히 볼 수 있었다. TV 속 현장은 질서정연하고 웅장했다. 카메라는 중요한 장면을 극적으로 보여주었다. 맥아더는 중계방송 내내 시청자들의 시선을 한 몸에 모았다. 언론은 "시카고가 만든 사상 최대의 환영행사"라고 극찬했다. TV를 본 사람들은 열광하는 군중과 맥아더 장군을 보며 드라마틱한 구경거리를 즐긴 반면 현장에 나간 시민들은 기나긴 기다림 속에 지루함을 참았고, 맥아더의 실물을 보지 못해 실망했다.

누가 본 것이 진짜인가? 현장에 있던 사람들인가 아니면

TV 시청자들인가? 현장 사람들도 상황 전체를 다 본 것은 아니라는 점에서 진짜 그대로를 본 것은 아니라고 할 수 있다. 마찬가지로 시청자들도 전체는커녕 카메라 앵글(angle) 속 장면을 본 것에 불과하다. 하지만 시청자 수가 현장에 있던 사람들보다 훨씬 많다. 비교조차 할 수 없이 많을 것이다. 그럼 대중이 기억하는 퍼레이드는 TV 속 장면이다. 따라서 앵글에 잡힌 장면이 현실이다. 현장 사람들의 불편과 불만은 그들에겐 '없는 사건'이다. 왜냐하면 카메라 앵글에 포함되지 못했기 때문이다. 앵글이 세상을 정의하는 힘은 정말 엄청나다.

우리는 그것을 일상에서 매일 확인한다. SNS 프로필 사진(프사)으로 쓰기 위한 얼굴 사진을 찍을 때 어떻게 하는가? '얼짱 각도'에 목을 맨다. 앵글의 차이가 얼마나 '무서운' 차이를 부르는지 우리는 너무 잘 안다. 프사는 곧 타인들에게 인식되는 '나'이기에 내가 알고 있는 '나'보다 더 중요할 수 있다. 세상 사람들에게는 프사가 나에 대한 현실이다. 정확하게는 '가짜현실'.

결국 맥아더 퍼레이드에서 시청자들이 본 것은 '가짜사건(pseudo event)'이다. 여기서 가짜는 없는 것을 있는 것처럼 보이게 하는 날조(捏造)는 아니다. 분명히 근거는 있다. 이 사례에서는 퍼레이드 현장이다. 그러나 시청자들에게 전달된 장면은 완전하지 못하며 일부가 과장됐거나 또 다른 일부는 배제된 것이다. 미디어의 관점과 희망에 따라 편집된 작품이다. <시카고 트리뷴>은 앞서 예시했듯이 이 퍼레이드를 가장 크고 따뜻한 분위기로 만들려고 작정을 했었다. 사람들은 이런 것을 사실이라고 믿는다. 현장에 나갔던 사람들 중에는 "퍼레이드를 집에서 보는 건데 괜히 현장에 갔잖아"라고 불평하는 이도 있었다. 자기가 현장에서 본 것은 지엽적이고 불완전했다고 폄하하면서 TV 속 장면을 사실이라고 생각한다. 우리들 사이에는 누군가 "내가 한 말은 신문에서 읽은 거야", "KBS 9시 뉴스에 나왔어"라고 하면 '진실 논쟁'을 끝내던 불문율 같은 것이 있었다. 요즘이야 언론 신뢰도가 워낙 바닥을 치는데다 수용자들도 예전처럼 순진하지 않으니 어림없는 이야기이지만, 우리는 오랫동안 미디어의 보도를 어지간하면 사실로 받아들였다.

유감스럽게도 대중이 뉴스를 통해 본 것은 모두 '가짜사건'이다. 단 하나의 예외도 없다. 미디어가 사건을 가공하기 때문이다. 가짜사건을 보도하지 않는 뉴스란 없다. 대중은 이것을 진짜로 착각하며 살아가고 있다는 것이다. 사람들이 '세상'이라고 생각하는 뉴스도 결국 사람(기자)이 만드는 가짜 사건들의 합(合)이다. 따라서 사람들이 재미없다고 느끼는 것도 진짜세상이 아니라 뉴스일 뿐이다.

　나중에 길게 언급하겠지만, 필자가 좋아하는 미국의 언론사 상가 월터 리프먼은 "뉴스는 어떤 사건이 두드러지게 하는 것일 뿐 진실을 말해줄 수 없다"고 말했다. 불후의 명언이라고 생각한다. 리프먼에 따르면 미디어는 사건을 하나씩 어둠에서 꺼내 빛을 밝히는, 끊임없이 움직이는 서치라이트(searchlight)의 빛과도 같다. 대중의 시선은 서치라이트가 움직여 밝혀주는 쪽으로 쏠리다가 빛이 다른 곳으로 옮겨가면 이내 그 빛을 따라간다. 어둠에 가려져 있는 것의 전모가 무엇인지 이런 식으로는 파악하는 것은 불가능하다. 대중은 미디어가 만들어낸 뉴스라는 빛만으론 세상사를 정확하게, 다 알 수가 없다. 이러한 뉴스라는 가짜사건이 쌓이고 쌓이면 그것은 우리가 목도하고 있는 세상이 된다. 머릿속 세상의 모습은 그렇게 그려진다. 그렇다면 우리가 그리고 있는 세상의 모습도? 당연히 가짜이다. 가짜세상, 바로 pseudo environment이다. 우리말로 하면 '유사(類似)환경' 또는 '의사(擬似)환경'이다. 여기서 환경은 자연의 의미보다는 우리가 둘러싸여 살고 있는 세상이다.

　유사와 의사에서 사용된 '사(似)'의 뜻이 재미있다. 닮았다는 것이다. '봄은 왔는데 봄 같지 않다'는 춘래불사춘(春來不似

春)에서 쓰였던 바로 그 글자이다. 왠지 '사이비(似而非) 기자'가 떠오르기도 한다. '닮았지만 진짜기자가 아닌 가짜기자'이다. 유사환경, 의사환경은 그래서 비슷하게 닮은 세상이라는 의미가 된다. '닮았지만 진짜는 아닌' 세상을 진짜세상으로 믿으며 우리는 살고 있는 셈이다. 미디어 덕분에. 이런 상황은 무엇을 말해주는가? 우리는 늘 뉴스에 속고 있으니, 정신 똑바로 차려야 한다는 것이다.

이미지와 환상

맥아더 장군 이야기의 출처는 다니엘 부어스틴이 쓴 『이미지와 환상』이라는 책이다. 제목부터가 확 당기는 맛이 있다. 여기까지 필자의 이야기를 들은 독자는 이것이 무엇을 상징하는지 금세 알 것이다. 우리가 보는 세상은 실체가 아니라 이미지와 환상일 따름이라는 것이다. 원래 제목은 『이미지(The Image)』인데 국내 번역과 출판 과정에서 좀 더 자극적으로 바뀌었다.

1962년에 쓰여진 책인데 저자의 통찰은 지금도 유효하다. 미디어를 기자로서 경험하고 전공했던 필자도 그 시대에 미디어 연구자도 아닌 역사학자가 어떻게 이처럼 신랄한 시선을 담은 책을 쓸 수 있었을까 경탄했다. 저자는 뉴스는 더 이상 있는 것을 모아서 설명하는 게 아니라고 강변한다. 대신, 만들어진다고 했다. "언론자유는 인위적으로 만든 뉴스라는 상품을 팔기 위해 기자들이 갖는 특권을 점잖게 표현한 말에 불과하다"는 주장은 통렬하다.

이미지와 환상

원서명. The Image
저자. 다니엘 부어스틴 Boorstin, Daniel J.
출판사. 사계절
출간시기. 2004
쪽수. 407
정가. 22,000

바로 news gathering → news making이다. 맥아더의 사례도 이를 설명하기 위함이었다. 미국 최초의 신문은 1690년 9월 25일 발매됐는데 그때 발행인은 "신문은 한 달에 한 번 나오겠지만, 만약에 사건이 넘치도록 발생한다면 더 자주 발행될 것"이라고 말했다. 그가 생각한 기자의 일이란 신이나 악마가 일으킨 무수한 사건들에 대해 사람들이 알 수 있도록 설명을 제공하는 것뿐이었다. 그러나 이것은 한 때의 견해에 지나지 않았다고 저자는 지적했다. 이제 뉴스는 독자로 하여금 "세상에 이런 일이!"라고 말하게 하기 위한 것이다. 더 적나라하게 말한다면 뉴스란 기자가 독자의 시선을 끌기 위해 신문에 싣기로 선택한 사건이다. 뉴스가 될 만한 게 따로 있었던 게 아니다.

뉴스거리가 없을 때는 중요 인사들에게 무언가를 억지로 캐든지, 평범한 사건으로부터 흥미를 유발시킬 요소를 찾든지, 뉴스 뒤에 숨은 뉴스를 발굴해서라도 뉴스를 만들어야 한다. 뉴스가 지루하게 반복되지 않고 있다는 인상을 피할 묘책을 찾아야 한다. '원래의 뉴스'가 따로 있는 게 아니니 만들면 된다는 것이다.

일선 기자들은 늘 이런 고충을 겪는다. 아침마다 데스크에 '그날의 때꺼리(끼닛거리)'를 보고해야 하는데 당연히 매번 있는 게 아니다. 그래도 신문 지면을 매워야 하고 방송 시간을 때워야 하기 때문에 기왕에 나온 이야기를 비틀고 쥐어짜내야 한다. 그러다 보면 그야말로 뉴스를 위한 뉴스, 함량 미달 뉴스를 만들어내기 일쑤다. 선수(기자)들끼리는 엉터리라는 것을 다 안다. 하지만 동병상련(同病相憐)이다. 손가락질 할 수가 없다.

대형사건이 터졌을 때 유독 오보·왜곡보도·가짜뉴스가 쏟아지는 이유도 여기에 있다. 상기해보라. 박근혜 전 대통령 탄핵이나 조국 전 법무장관 의혹 보도에서 나왔던 그 많은 황당한 뉴스들을. 사건에 대한 관심은 눈덩이처럼 커지는데 새로운 사실은 매일 나오는 게 아니기 때문에 기자들은 무리를 하지 않을 수 없다. 검찰 발표나 관계자 폭로 같은 게 언론사 사정 봐주면서 터지는 게 아니니까. 그렇다고 미디어가 저질 뉴스의 책임을 면할 수 있다는 것은 아니다. 그냥 현실을 말하는 거다.

필자도 기자생활 동안 그런 경험을 수없이 했는데, 그 중에서 웃긴데 웃을 수 없는 실화를 하나 소개하겠다. 아주 오래 전인 1986년 8월에 '서진 룸살롱 사건'이 터졌다. 서울 강남의 룸살롱에서 조직폭력배들 간 칼부림으로 4명이 사망했다. 충격적인 사건이었다. 언론사의 거의 모든 사회부 기자들이 관련 취재에 매달렸다. 중앙 언론사에서 편집국장을 지낸 A씨의 전언.

"그때 내가 경찰 출입 기자였는데, 처음에는 검찰이나 경찰의 수사발표 중심으로 기사를 썼지만 한계가 있잖아요. 그러다가 현장 취재랍시고 룸살롱, 나이트클럽 종사자들 만나서 조폭들에 관한 이야기를 들어서 막 썼죠. 평소 얼마나 나쁜 짓을 많이 했는지를 보여주는 행태를 1면, 사회면 머리기사로 올렸어요. 물론 사실 확인이 안 되는 일방적 주장이죠. 심지어 조폭들이 전남 신안 앞 바다에 침몰한 배에서 고려청자를 끌어올려 조직적으로 밀매를 했다는 보도까지 했어요. 경찰은 엉터리 기사라는 것 알고 있었겠지만, 수사 방해까지는 되지 않으니 확인도 부인도 하지 않고 방관했고요. 당연히 최종 수사결과가 담긴 검찰 공소장에는 그런 내용은 단 한 줄도 없었죠."

여기에는 독자와 시청자들의 영향도 있다. 그들의 기대, 즉 난폭하고 비열한 조폭 세계의 모습을 리얼하게 보여주길 바라는 심리가 언론을 압박했을 개연성이다. 1보가 전해졌을 때부터 조폭들은 대중의 머릿속에 악마의 이미지로 굳어진다. 미디어는 그런 분위기를 의식하지 않을 수 없다. 극적인 스토리를 들려줘야 한다. 대개 꾸며낸 이야기가 현실보다 더 진짜 같고 흥미진진하다. 박 전 대통령이나 조국 전 장관에 대한 일부 보도 역시 마찬가지 경로를 거쳤다고 생각한다. 물론 그들이 전적으로 억울하게 당했다는 의미는 결코 아니다.

다시 책으로 돌아가 보자. 부어스틴은 뉴스가 어떻게 미디어에 의해 만들어지는지를 날카롭게 갈파했을 뿐 아니라, 범위를 넓혀 미디어가 사람들의 세상에 대한 인식을 지배함으로써 나타난 현상을 몇 가지로 유형화해냈다.

먼저, 시대의 변화와 미디어 혁명 덕분에 사회의 영웅은 사라지고 유명인이 그 자리를 차지했다고 지적한다. hero → celebrity이다. 두드러진 업적과 희생으로 사람들의 존경을 받는 영웅은 더 이상 없다. 신적인 존재로 보이기까지 했던 전통적 영웅의 모습은 찾기가 어렵다. 국가 간 전쟁과 같은 대사건이 이전 시대에 비해 발발하지 하지 않는 것이 이유가 되겠다. 난세에 영웅 난다고 했으니까. 옛 영웅을 대체할 새 영웅을 만나는 일은 전시(戰時)가 아니면 힘들게 됐다. 카리스마적 지도자의 출현을 그다지 선호하지 않는 현대 민주주의와 과학의 경향도 영웅의 퇴장에 한 몫하고 있다. 그럼에도 불구하고, 대중이 좋아하고 숭배하는 사람들은 여전히 많다. 그들은 과거 영웅의 대접을 받는다. 하지만 그들은 진짜 영웅이 아니라 유명인일 따름이다. 대중은 유명인과 영웅을 날마다 혼동한다. 영웅을 대체한 유명인을 만들어 낸 것은 미디어와 그래픽 혁명이라고 저자는 말한다.

　대중이 알고 있는 것은 유명인의 이미지이다. 자연인으로 그 사람을 잘 알고 있는 게 아니다. 직접 만나서 말 한 마디 나눌 수 없는 사람을 어떻게 알고 좋아한다는 말인가? 미디어가 만든 이미지를 대중은 좇고 있는 것이다. 유명인사는 대중의 흥미를 끌어낼 요소를 가진 사람, 시장에 팔릴 만한 가치를 가진 사람들이 미디어에 의해 가공돼 탄생한다. 미디어는 백화점 홍보행사와 같은 대대적 행사(스토리 만들기, 시선 끌기 등)로 대중의 기호에 맞는 유명인을 생산해낸다. 그들이 진짜 그럴만한 가치가 있는 영웅인지는 중요하지 않다. 중심이 이상(理想)에서 이미지로 옮겨진다. 모든 것은 이미지가 좌우한다. 알맹이가 무엇인지는 따지지 않는다. 정치인도 연예인도 모두 그렇다. 대학과 기업 등 기관들은 이상을 실현했는지 여부에 따라 평가를 받았으나 요즘에는 이미지(상표, 광고, 뉴스)에 맞게 활동했는지에 따라 평가를 받는다. 오로지 미디어와 대중에게 어떻게 비치는가가 기준이다.

미디어는 대중의 환상과 기대를 충족시키기 위해 끊임없이 유명인의 새로운 이미지를 창출해야 한다. 허상의 무한순환인 셈이다. 결국 유명인도 미디어가 만든 가짜사건이다. 본질적으로 가짜뉴스와 다를 바 없다.

다음은 여행에 관한 것이다. travel → tour이다. 여행이 관광으로 바뀌었다는 의미다. 여행과 관광은 다르다. travel은 원래 일, 고뇌, 문제를 뜻하는 travail에서 유래한 것으로, 무언가 노동이 필요하고 골치 아픈 일을 하는 것을 의미했다. 집 떠나면 고생이라는 말이 있듯이 여행은 낯선 곳을 찾아가 고생을 사서하는 행위라는 뜻이었다. 여행에는 '모험(adventure)'의 기운이 담겨있었다고 볼 수 있다. 그러나 어느새 모험은 지겹고 공허한 단어가 돼버렸고, 여행은 그저 즐거움을 찾는 관광으로 바뀌었다고 저자는 지적한다. 새로운 것, 자유로운 곳을 찾아 떠나는 여행은 더 이상 없고, 모든 행동이 통제되며 제공하는 것을 받아들이기만 하면 되는 된다. 즐거움과 재미만을 누리기 위해 누군가 만들어 놓은 가짜사건을 수용하는 관광이 있을 뿐이다. 따라서 여행자는 능동적이고 관광객은 수동적이다. 여행객은 새로운 경험을 열정적으로 추구하지만 관광객은 즐거운 일이 일어나기만을 기대한다. 오직 쇼핑할 때만 능동적이 되며 현지인들을 접할 수 있는 틈새의 기회를 가진다.

여기에도 미디어의 위력이 강하게 작용했음을 부인하지 못한다. 특히 디지털 미디어 시대인 요즘의 모습을 보면 확 실감이 난다. 최근 여행은 블로그와 각종 SNS가 찍어주는 곳으로 가봐야 할 곳이 한정돼 있다는 느낌마저 든다. 자발적으로 보이는 블로그와 SNS 콘텐츠의 배후에 자본과 기업이 있지 않을까 하는 의구심도 크다. 어찌됐든 다수의 여행 공식은 앞서 다녀왔던 사람들이 먹고, 자고, 사진 찍고, 쇼핑하고, 이동했던 경로를 죽 따라가며 인증 샷을 만들어오는 것이다. 그리고는 해당 지역을 여행했다고 말한다. 이런 관광객들이 본 것은 상품화되고 박제(剝製)가 된 가짜사건이다.

이어서 형태가 그림자로 변해가는 현실. shape → shadow이다. 본 모습은 어디론가 사라지고 그림자, 즉 이미지만 남는 현상을 이야기한다. 저자는 걸작과 고전의 예를 들면서 원본 (original)이 요약본(digest)으로 대체되는 세태를 개탄했다. 예술가들의 작품에는 감히 흉내 낼 수 없는 혼이 담겨 있는데 이것이 함부로 요약본으로 출간되거나 극화(劇化)되면서 그저 줄거리, 스토리, 결론만 남게 됐다. 그걸 본 사람들은 스스로 원본 고전과 작품을 읽거나 감상한 것이나 다름없다고 생각한다. 가짜사건을 진짜라고 생각하는 것이다. 대개 원본은 대중이 이해하지 못하는 고리타분한 과거 귀족정치의 산물이기 때문에 대중은 원초적 거리감을 갖고 있던 터였다. 진짜인 형태가 해체되고 그림자를 통한 간접경험이 늘어가는 20세기 현상을 『리더스 다이제스트(Readers Digest)』의 성공보다 확실하게 설명해주는 단서는 없다. 『리더스 다이제스트』는 고전 작품과 베스트셀러를 요약해 발매된 주간지로 1990년대까지 미국을 필두로 웬만큼 살 만한 국가에서 가장 성공한 잡지 중 하나였다. 기업 CEO를 비롯한 지식인층에서 주로 애독됐다. 시간이 없는데다 뭔가를 아는 척해야 했던 이들이 원하는 것은 원본이 아니라 다이제스트 자체였다. 이에 대한 저자의 가상 대화 설정이 재미있다.

- 첫 번째 아가씨 : 너 그 책 읽어봤니? 대여섯 권의 책이 한 권에

요약돼 있어. 그걸 하룻밤 만에 읽을 수 있다고.

- 두 번째 아가씨 : 그건 아무 것도 아냐. 영화 한 편은 단 1시간 반 만에 책 몇 권을 보는 셈인 줄 아니?

지금이라고 해서 달라진 것은 없다. 요약본은 원본으로 안내하는 수단에 그쳐야 맞는 것 같지만 현실은 그렇지 않다. 온라인 상에는 원본에 대한 서평과 감상문과 요약 글이 넘쳐난다. 이제는 『리더스 다이제스트』 같은 잡지도 필요 없다. 가짜를 공유하는 일은 클릭 몇 번이면 끝난다. 요약본은 미디어가 만드는 또 하나의 가짜사건이다.

다시 뉴스로 돌아가자. 미디어가 보도하는 뉴스는 기본적으로 가짜라고 했다. 그럼 뉴스 생산과정에서 구체적으로 어떤 일이 벌어지길래 가짜뉴스가 나오는지 따라가면서 살펴보기로 하자. 해체하고 분석할 대상은 '편집(edition)'과 미디어 안팎의 '뉴스 영향요인' 등 두 가지이다. 길지만 재미있는 여정이 될 것이다.

문제는 편집이다

언론은 기자가 취재한 내용을 전부 기사화하지 않는다. 아니 못한다. 때문에 취재한 내용에 손을 댈 수밖에 없다. 필연적으로 결과는 처음과 달라진다. 미디어의 뉴스 제작과정에서 발견되는 편집의 종류는 세 가지이다. 기사화 여부를 결정하기 위한 기사 취사선택(gate keeping), 기사의 중요도 또는 우선순위를 판단하는 의제설정(agenda setting), 뉴스에 대한 관점과 해석을 제시하기 위한 틀짓기(framing)가 그것이다.

먼저 게이트키핑이다. 문자 그대로 문지기 과정이다. 하루 동안 세상에서 일어나는 모든 일을 보도하는 것은 불가능하다. 그 중에서 뉴스가치가 있는 것과 없는 것을 취사선택해야 한다.

취재한 사건 중 일부를 쓰레기통에 처박는 것부터 편집은 시작된다. 그러면 어떤 기준으로 옥석을 가리나? 일단 뉴스로 채택되기 위해서는 사건이 일정한 요건을 충족해야 한다. 예를 들면 이런 것이다. "something that is new, interesting and true(새롭고 재미있고, 사실인 것)". 이걸 세분화해서 보면 또 이렇다. 다음은 미국 미주리대 저널리즘스쿨 교과서에 나온 항목을 포함해 그 동안 분석결과를 종합한 것이다.

- 영향력(impact, influence)
- 시의성(timeliness)
- 근접성(proximity)
- 갈등(conflict)
- 유행(currency)
- 진기성(the unusual)
  : 신기성(novelty)
- 저명성(prominence)
- 인간적 흥미(human interest)
- 기록성(record)
- 상대성(relativity) ※시대 변화-유용성(usefulness)

영향력은 사회와 해당분야에 대한 사건의 충격이나 영향이 클 경우 기사가 된다는 뜻이다. 당연한 이야기이다. 북한이 개성공단 사무실을 폭파한 것은 남북관계, 북한 핵문제, 북미관계에 큰 파장을 미친 또는 미칠 것으로 예상되는 사건이다.

시의성은 따끈따끈한 사건이어야 한다는 것이다. 뉴스라는 상품만큼 부패가 쉬운 상품은 세상에 없다. 하나의 언론사라도 보도하는 순간 가치가 뚝 떨어진다. 그래서 언론사들이 기를 쓰고 속보 경쟁을 하는 것이다. 바로 어제, 오늘 오전에, 30분 전에 발생한 일일수록 기사 가치가 높다. 동시에 지금의 여론동향, 사회적 관심사와 맞아떨어질 때 뉴스가 된다는 의미기이도 하다.

근접성은 뉴스와 수용자의 거리를 말하는 것으로 집단, 공동체, 국가와의 관련성 여부에 따라 뉴스가 될 수도, 안 될 수도 있다는 의미이다. 특정 사건이 국가의 미래, 조직의 이해, 내가 속한 집단의 선택 등에 영향을 미칠만한 사안이면 뉴스이다. 수용자들과의 물리적 거리 역시 가까우면 뉴스가 된다.

싸움구경, 불구경만큼 사람들이 좋아하는 게 없다는 말이 있다. 그런 게 뉴스이다. 사람들은 왜 여야가 국회에서 만날 싸움질만 하냐고 욕을 하지만, 내심 좋아하니까 언론도 그렇게 써대는 거다. 하루치 신문과 방송보도를 유심히 보면 무대만 달랐지 여기저기 벌어지는 싸움과 갈등과 충돌에 대한 이야기가 없는 날이 없다.

유행은 최근 대중의 관심이 쏠리거나 즐기는 사안 및 그와 관련된 문제들 또는 부작용 등에 관한 것이다. 요즘 같으면 게임, 음식 등에 관한 것들이 아닐까?

진기성은 신기성이라고도 한다. 드문 일 또는 새로운 일, 신기한 일이라는 뜻으로, 일상에서 자주 목격하기 힘든, 드물게 일어나는 사건은 뉴스로 취급된다. 개가 사람을 물면 뉴스가 되지 않지만 사람이 개를 물었다면 뉴스가 된다는 예시가 흔하다.

저명성은 유명한 사람들의 이야기가 뉴스가 된다는 뜻이다. "Names make news", 즉 이름이 뉴스를 만든다. 똑같은 음주운전을 했더라도 소위 공인으로 불리는 유명한 사람들의 행위는 뉴스거리이다.

인간적 흥미는 인간적 공감 또는 동정을 불러일으키는 감성적 스토리에 대한 관심으로, KBS의 「인간극장」과 같은 프로그램이 담은 내용이라고 할 수 있다.

기록성은 후대에 남겨 기억될만한 가치가 있는 내용이 기사화될 수 있음을 의미한다. 그 중에는 당장의 영향이나 시의성 등이 떨어지는 것이라도 기록을 위해 보도되는 경우도 적지 않다.

역사의 기록은 미디어의 중요한 역할 중 하나로 여겨진다.

상대성은 같은 사건이라도 사회분위기와 시대상황 등에 따라 뉴스가 될 수도, 그렇지 못할 수도 있다는 뜻이다. 1990년대까지 교통사고와 강도 사건은 하루가 멀다 하고 사회면을 장식했지만 지금의 개별 강력사건은 웬만큼 규모가 크지 않고는 기사화되지 않는다. 세상이 복잡해지고 사람들의 관심사도 다양해져서 뉴스가 될 만한 사건의 종류가 그만큼 늘어났기 때문이다.

이상의 10가지가 기사가 될 수 있는 대략적 요건들이다. 하나의 기사에 두 개 이상의 요건이 포함되는 경우가 많고, 그때그때 상황에 따라 강조되는 요건도 달라진다. 요건은 다양하지만 매일 뉴스를 만드는 언론의 데스크(차장급 이상)와 기자들은 습관적으로, 그리고 감(感)으로 이것이 기사인지 아닌지 순식간에 판단한다. 그야말로 '짬밥의 힘'이다. 그 능력은 기자 선배로부터의 혹독한 시달림과 취재현장 경험에서 얻어진다.

그런데 의문이 생긴다. 이들 요건은 어떤 기준으로 만들어진 것인가? 수많은 기사들을 뜯어보니 그런 속성들이 발견됐다는 것인데 이것은 어떤 당위와 가치를 담고 있을까? 필자는 20년 동안 기자로 지내면서 이에 대한 고민을 진지하게 한 적이 없음을 고백한다. 이후 대학원에서 미디어를 학문으로 공부하면서 비로소 성찰해 보았다. 대부분 현장 기자들이 그렇다. 하루하루 전투에서 승리하려면 빨리빨리 표준화된 결과를 만들어내는 게 급하다. 작업의 가치와 원리가 무엇인지, 방식이 옳은지, 합리적인지 따질 겨를이 없다.

사실 위의 요건들은 결과론일 뿐이라는 게 필자의 생각이다. 어떤 원칙이나 윤리로부터 비롯된 것이 아니라는 뜻이다. 닭(뉴스)이 먼저인지 달걀(대중)이 먼저인지 알 수 없지만, 그런 요소들을 담은 뉴스에 대중이 호응하고 동시에 길들어지면서 하나의 강력한 관행으로 자리 잡은 것으로 볼 수 있다. 다시 말해 이윤을 추구하는 미디어의 상업주의와 수용자 시장의 기호가 만들어낸 산물(産物) 정도가 아닐까 생각된다.

10가지 요건을 더 단순화하면 '관심'과 '흥미'로 집약된다. 영향,시의성, 근접성, 기록성을 관통하는 것은 관심이고, 갈등, 유행, 진기성, 저명성 등은 흥미의 범주에 포함된다고 판단된다. 그럼 관심과 흥미를 끌지 못하면 뉴스가 되지 못한다는 말인가? 그렇지 않을 것이다. 따라서 위의 10가지 기준은 상대적이며 불완전하다. 시대변화와 필요에 따라 보완돼야 한다. 이런 모델은 어떤가?

- 다원성
- 새로운 시각
- 낙관주의
- 전망과 예측
- 공적 토론의 주도
- 소수의견 지원
- 윤리적 반성

이것은 쿠넬리우스라는 학자가 2006년에 제시한 저널리즘의 새로운 기준이다. 어떤 느낌인가? 모두 옳고 바람직한 이야기이고 중요한 가치를 담고 있다. 이런 주제의 뉴스들은 많을수록 좋다. 하지만 재미가 없어 보인다. 따라서 기사화된다면 많이 읽히거나 시청률이 높을 것 같지 않다. 현실에서는 이런 기사, 이런 프로그램은 광고가 들어오지 않는다는 이유로 보도와 제작이 기피될 것이다. 간혹 만들어지더라도 신문은 안쪽 지면의 구석, 방송은 심야 또는 이른 아침시간대에 배치될 공산이 크다. 하지만 미디어가 이런 아이템을 홀대하는 것은 가볍지 않은 의무 방기로 보인다.

현장에서 통용되는 기사 선택 기준이 최선이 아니라는 사실은 거듭 분명해졌다. 김경모(2011) 연세대 언론홍보학부 교수도 "저널리즘의 규범적 기준에서 볼 때 뉴스가치가 높은 기사라고 해서 품질까지 우수하거나 시민의 자치와 민주주의 가치 구현에 언제나 긍정적으로 기여하는 것은 아니다"고 지적한 바 있다. 뉴스는 역시 온전한 현실을 반영하지 못한다는 사실이 여기서도 확인된다. 시장에서 잘 팔리는 상품성 높은 뉴스가 자주 보도되는 것뿐이다. 소비자인 대중에게도 일단의 책임이 있다. 어쨌든 우리는 총체적으로 불완전한 뉴스를 접하고 있다.

다음은 의제설정, 즉 아젠다 세팅이다. 미디어는 게이트 키핑을 통해 골라낸 그날의 기사거리 중 가장 중요하다고 판단되는 것을 전면에 잘 보이게 배치하는데 이것이 미디어가 선정한 '오늘의 의제'이다. 미디어가 세상의 많은 일 가운데 '무엇에 대해 중점적으로 생각해야 할 것인가(what to think about)'를 정해주는 것이다. 포인트는 대중이 영향을 받는다는 것이다. 대중은 바로 반응을 보이지는 않지만, 일정 시간이 흐르면 그것을 중요하게 생각한다. 이것이 미디어가 비중 있게 보도하는 뉴스는 대중에게도 중요한 문제로 인식된다는 의제설정 이론이다. 방송이 저녁 메인 뉴스에서 첫 번째로 보도하는 내용, 신문의 1면 톱기사로 실린 내용이 중요한 사안, 즉 의제(agenda)로서 대중에게 전

이된다는 것이다. 물론 한번 크게 보도했다고 그렇게 되는 것은 아니다. 반복적, 후속 보도가 이어질 경우 그렇게 된다. 미디어가 강조한다고 해서 모두 똑같은 결과가 나오는 것은 아니나, 많은 연구와 실험에서 대체적인 타당성이 입증됐다. 이 이론의 시조는 미국의 맥스웰 맥콤스이다. 텍사스 주립대 교수를 역임했는데 1968년 대선 당시 노스캐롤라이나주 채플힐(Chapel Hill)에서 아직 지지후보를 정하지 않은 중도성향 유권자 대상 연구를 통해 의제설정이라는 개념을 도출했다. 연구과정은 복잡하지만, 결론은 대선 기간 중 미디어 의제와 대중이 중요하다고 생각하는 의제 간 상관관계가 매우 높았다는 것이다. 미디어 의제가 독립변인, 대중의 의제가 독립변인의 영향에 따라 변하는 종속변인이다. 맥콤스가 이에 관한 연구를 집대성해 2004년 내놓은 역작이 아래의 책이다.

아젠다 세팅

원서명. Setting the Agenda
저자. 맥스웰 맥콤스 Mc Combs, Maxwell E.
출판사. 엘도라도
출간시기. 2012
쪽수. 304
정가. 14,800

이 책은 미디어가 의제를 어떻게 만들어내는지 미국의 사례와 다양한 실험을 통해 생생하게 보여준다. 미디어를 공부하려면 입문 단계에 반드시 만나야 하며 두고두고 심화 학습을 해야 하는 책 중 하나다. 다음은 이 이 책에 소개된 미국 언론인 시어도어 화이트의 말이다. "미국에서는 신문이 대중의 생각을 정리하기 전까지 어떤 사회적 개혁도, 의회의 주요 법령도, 대외 사업도, 외교행위도 성공할 수 없다. 신문이 대중의 화젯거리가 되어 저돌적으로 확산할 대단한 이슈를 이끌어내면 그 다음은 이슈가 알아서 움직인다. 환경운동의 원인, 베트남 전쟁 청산이 그랬고, 워터게이트 사건은 이의 절정이다. 모두는 애초에 신문에 의해 아젠다로 설정된 것들이었다."

의제설정 이론은 우리가 무엇을 중요하게 생각해야 하는지를 미디어가 결정하고 있음을 보여준다. 우리가 생각해야 할 주제가 '세팅'된다는 것이다. 이 자체로 섬뜩한 이야기다. 미디어에 의해 생각의 넓이가 좁혀진다는 이야기이니까.

문제는 여기서 끝나지 않는다. 그 의제가 완전하거나 공정하지 못할 가능성이 따라붙는다. 의제설정은 언론사가 임의로 하는 것이다. 명시적인 원칙이나 의무 따위는 없다. 미디어의 이해와 관행 등이 개입할 공간이 있다는 뜻이다. 이를테면 상업적 목적이나 정파성 또는 기술적 편의주의 같은 것이다. 맥콤스는 "뉴스를 다루는 기관들의 직업적 렌즈를 통과하며 굴절된 경우 그 결과물은 유사환경, 다시 말해 현실의 체계적인 평가와는 거리가 멀고 단순의 무늬만 같은 무엇이 된다"고 분석했다. '현실 세계'와 미디어에 의해 '주입된 세계'의 간극이 발생하는 것이다.

이는 우리의 현실에서 바로 알 수 있다. 신문은 모두 사기업이고, 상당수 유력지들은 특정정당과 동반관계가 형성돼 있다. 방송은 겉은 공영인데 정권이 바뀔 때마다 목소리의 색깔이 달라진다. 이런 배경을 가진 미디어가 세팅하는 의제가 항상 객관적이고 공정할 수 있을까? 그렇지 않다는 것을 확인하는 일은 유감스럽게도 간단하다. 국내 보수와 진보 미디어의 의제는 각각 따로 있다. 1면이나 머리기사를 상대적으로 자주 장식하는 보수 담론은 성장, 안보, 기업 같은 것들이고 진보는 복지, 평화, 환경 등에 관한 것이다. 한쪽 미디어만 소비하는 사람들은 특정 의제에 대한 식견이 더 많을 수밖에 없다. 따라서 중요한 사안에 대한 우선순위 평가도 다르다.

한쪽에서 크게 보도된 내용을 다른 한쪽에서는 찾아볼 수 없거나 한쪽 구석에서 겨우 볼 수 있는 경우도 비일비재하다. 양쪽의 담론 모두 의미와 가치가 있는 것임에도 그렇다. 대북 관계와 같은 특히 민감한 사안에 대한 보수와 진보 언론의 논조는 굳이 읽지 않아도 어떻게 구성돼 있을지 쉽게 짐작할 수 있다. 거의 기계적이기 때문이다. 반면 상호 동의하는 부분을 찾아내기란 여간 어렵지 않다. 마치 홍해가 두 방향으로 갈라지는 양상이다. 세상은 자연을 닮은 복잡계(複雜界)가 되어 간다는데 우리는 아닌 것 같다. 두부 자르듯 흑백이 갈리는 일이 이렇게 자주 발생하는 나라가 어디 또 있을까 싶다. 또한 상대 미디어는 비중 있게 보도하는데 어떤 미디어는 아예 무시하고 보도하지 않는 행위를 '무(無)보도'라고 한다. 이것도 일종의 의제설정이다. 다룰 만한 가치가 전혀 없는 의제라는 의미의 의제설정인 셈이다. 기사의 크기는 차이가 있을망정 반드시 다뤄야 할 사안에 대한 철저한 외면이다. 미디어의 관점 및 이해와 맞지 않는다는 게 이유일 것이다. 이는 객관성, 중립성을 상실한 외눈박이 행태이다. 명백한 가짜사건이고 가짜뉴스이다.

말이 나온 김에 의제설정의 사촌쯤 되는 점화효과(priming effect)에 대해서도 짚고 넘어가자. 점화는 불을 붙인다는 뜻이다. 점화효과는 사람들의 생각에 불을 붙여 의도하는 행동을 이끌어내는 것을 가리킨다는 점에서 의제설정과 닮았다. 무엇에 대해 생각하게 만든다는 점에서 그렇다. 다만, 불을 붙이는 방식에 차이가 있다. 다음은 대니엘 카너먼의 『생각에 관한 생각』에 나오는 실험 결과이다.

뉴욕대학생들에게 다섯 단어를 주고 네 단어로 된 문장을 만들도록 한 다음 한 그룹에 Florida, forgetful, bald, gray, wrinkle 등 5개의 단어를 주었더니 과제를 마친 해당 그룹 학생들은 다른 실험에 참가하기 위해 복도를 걸어갈 때 다른 학생들에 비해 훨씬 천천히 걸었다.

학생들이 왜 천천히 걸었을까? 노인을 연상시키는 단어들 때문이다. Florida는 미국인들의 은퇴 후 노후를 보내는 지역으로 유명하고, forgetful은 건망증이 있다는 뜻이고, bald는 대머리, gray는 백발, wrinkle은 주름이니 모두 노인과 관련이 있다. 이 단어들을 갖고 문장을 만들면서 자연스럽게 노인이 떠올랐고, 비록 짧은 시간이었지만 복도를 걸어가면서 자신들도 모르게 노인의 걸음걸이를 흉내 냈던 것이다. 점화이론이 의제설정과 다른 점은 이 케이스의 의제라고 할 수 있는 노인을 직접 거론하지 않으면서 노인을 생각하게 만든다는 것이다. 생각에 불을 붙이는 방식이 간접적이다. 하지만 노인을 연상하도록 하는 게 목표라는 점에선 의제설정과 같다. 미디어의 보도는 물론 여론조사, 광고와 홍보 등에서 자주 쓰이는 기법이다.

예를 들면 이렇다. 한국에 보수와 진보 미디어가 있다. 이제 대통령선거 레이스가 벌어진다. 둘은 보수정당 후보 A와 진보정당 후보 B를 각각 지지한다. 하지만 내놓고 지지를 표명할 수는 없다. 사람들은 그들이 어느 후보를 미는지 다 아는데 공식적으로는 안 그런척 한다. <뉴욕타임스>나 <워싱턴포스트> 같은 미국의 유수 언론은 까놓고 특정후보를 지지를 선언하고 그 기조 위에서 대선 보도를 한다. 우리는 미디어 정파성은 훨씬 심하고 극단적이면서도 손바닥으로 하늘을 가린다. 자기들은 중립이고 불편부당(不偏不黨)하다고 한다. 이런 이중성이 없다. 이때 프라이밍 방식이 사용된다. A후보는 경제성장 담론에, B후보는 남북평화 이슈에 강하다고 치자. 보수 미디어는 경제에 관한 보도량을 늘린다. 스트레이트, 사설, 칼럼, 기획기사 등 모든 형식이 동원된다. 경제위기, 일자리 비상, 수출부진, 증시불안과 같은 것들이다. 이런 기사를 계속 읽으면 경제문제가 최대 현안이라는 생각이 들고, 이를 해결할 능력을 지닌 사람이 지도자가 돼야 한다는 의견이 확산되며, 결국 A후보가 적임자라는 여론이 형성될 수 있다.

이에 맞서 진보 미디어는 한반도 불안, 당사자 대화, 민족, 통일 담론을 적극 부각할 것이다. 그래서 남북 평화무드 조성이 국내 문제 해결의 선결조건이며, 비핵화도 대북 압박이 아닌 남북 간, 북미 간 대화와 양보를 통해 이뤄내야 한다는 여론이 고양되면 B후보가 주목을 받게 되는 효과를 거둘 수 있다. 두 미디어 모두 지지후보 이름을 한 번도 직접 언급하지 않은 가운데 실질적인 지지운동을 하게 되는 것이다. 그래놓고 자기들의 주장은 정론(正論)이라고 강변한다.

사실 이런 일은 신문지면과 방송뉴스에서 거의 매일 확인할 수 있다. 미디어의 상업주의 및 정파성과 연결된 크고 작은 목표를 관철하는 수단으로 프라이밍이 활용되고 있다고 봐야 한다. 의제설정이든, 프라이밍이든 복잡한 상황을 단순화시켜 미디어의 판단과 초점을 부각하는 방법이라고 할 때 대중은 이 보도를 통해 사안의 전부를 알 수가 없다. 여기에 이윤추구와 같은 사심이 개입됐을 경우 실체 파악은 더더욱 난망이다. 결론은 가짜사건이다.

마지막으로 틀짓기, framing이다. 게이트키핑과 의제설정을 통해 전달된 사건을 어떤 관점에서 어떻게 해석해야 되는지를 알려주는 역할이다. 이는 사건을 이해하는 데 도움을 줄 수 있지만, 대중의 시야를 좁히고 판단을 왜곡할 수 있다는 점에서 역시 의심해봐야 한다.

의제설정이 '무엇을 중요한 문제로 생각해야 할 것인지'를 말해준다면 틀 짓기는 그것을 어떻게 생각해야 할지(how to think)를 알려준다. 하지만 사건을 어떻게 정의하고, 해석해야 할 것인지는 말만큼 쉬운 문제가 아니다. 세상에는 이렇게 볼 수도, 저렇게 볼 수도 있는 일이 다반사이다. 이해관계에 따라, 통념에 따라, 또는 사건이 일어났을 당시의 사회분위기에 따라 정말 다양한 해석이 가능하고 그것들이 모두 '답'일 수도 있는 것이다. 같은 건물에서 여러 개의 창문을 통해 보이는, 각각 다른 바깥 풍경은 건물을 둘러싸고 있는 하나의 산, 하나의 거리를 반영한 것이므로 산의 모습, 거리의 모습이라고 말할 수 있다. 하지만 그것은 일부분에 불과하다. 전체의 모습이 아니다. 또 한 가지 변수가 있을 수 있다. 창문의 유리에 먼지가 잔뜩 끼어 있거나 표면이 울퉁불퉁할 경우 풍경은 왜곡된다. 모양이 가뜩이나 부분적인데 비틀리기까지 한다.

　프레이밍에 대한 이해를 돕기 위해 다음과 같은 가상의 사건을 설정했다.

대학가에서 교통사고가 발생해 대학생 1명이 사망했다. 경과는 이렇다. 어느 날 밤 기숙사에서 한 방을 쓰던 4학년 선배가 1학년 후배에게 담배 심부름을 시켰다. 하지만 그 대학은 기독교재단의 학교라서 교내에서 담배를 팔지 않아 후배 학생은 학교 밖으로 나가 담배를 사와야 했다. 학생은 교문 밖으로 나와 도로 건너편 편의점으로 가려했는데 횡단보도가 오른쪽으로 300m나 떨어져 있었다. 심야시간이라 차량통행도 적고 해서 교문 앞에서 무단횡단을 했던 학생은 그만 음주운전 차량에 치어 생명을 잃고 말았다

관내 경찰서 출입기자들이 이 사고를 기사화하려고 한다. 어떤 제목이 나왔을 것 같은가? 아니 이 글을 읽는 여러분의 생각은 무엇인가?

제목은 언론현장 용어인 '야마'와 관련이 있다. 야마는 아시다시피 산(山)의 일본어로서 위로 솟아올라 있는 것이라는 의미에서 중요한 것, 핵심에 가까운 것으로 이해된다. 필자도 20년 넘게 그 말을 썼지만 어원은 그렇게 짐작만 하고 있다. 따라서 야마는 사건의 핵심 부분(원인, 배경, 의미 등)을 말하는 것으로 보면 된다. 야마가 요약돼 기사의 제목이 되는 것이다. 아무튼 위 사건이 제목이 될 만한 후보는 이렇다.

a. 대학의 강압적인 선후배 문화가 부른 참사 : 선배가 후배에게 심야에 담배 심부름을 시켰다는 사실이 문제가 될 수 있다. 요즘이 어떤 세상인데. 그렇지 않으면 사고도 나지 않았을 테니

까. → 사고의 원인 제공.

b. 음주운전이 앗아간 젊은 생명 : 이건 더 설명할 필요가 없겠다. 음주사고에 대한 경각심과 처벌이 엄청 강화되고 있는 상황이니. → 사고의 직접 요인.

c. 경찰의 안일한 행정이 비극 불렀다 : 경찰 소관인 횡단보도 설치의 문제이다. 그 동안 학교 측과 학생들이 교문 앞으로 횡단보도를 옮겨달라는 민원을 해오던 상황이었다면. 혹시 경찰이 다른 사건으로 사회적 지탄의 대상이 되고 있던 와중이라면 가능하다. → 사고의 주변 요인.

대개 이 셋 중 하나가 아닐까 싶다. 그 중에서도 a와 b를 찍은 분들이 많을 것 같다. 그밖에 후배 학생의 무단횡단이나 교내에서의 담배 판매 불허에 문제의식을 느낀 경우도 적지만 있을 수 있다.

기사의 제목(주제)은 어차피 하나다. 무슨 뜻이냐 하면 제목 이외의 기사를 구성하는 나머지 사실들은 제목만큼 부각되지 못한다. 대중이 나중에 기억하는 것은 제목이다. 그리고 추후 머릿속에서 기사를 떠올릴 때는 제목을 중심으로 사건을 재구성한다. '1등만 기억하는 사람들'인 것이다. 그러니 미디어가 사건에 어떤 틀을 갖다 대느냐는 문제는 사건을 이해하는 데 결정적이다. 같은 사건인데 매우 다르거나 완전히 반대 방향의 관점과 해석이 대중들 사이에서 나오는 것은 이런 영향 때문이다.

우리나라 신문의 보수와 진보 지형은 '조중동 vs 한경'이라고 한다. 조선일보 중앙일보 동아일보가 한 편이고, 한겨레와 경향신문이 같은 진영이다. 2018년 남북정상회담이나 한반도 비핵화를 위한 북미회담, 권력의 비리의혹에 대한 양측의 보도방향이나 사설 등의 논조를 보면 하나의 사건을 갖고 이렇게 다를 수 있구나 하는 것을 매번 실감할 수 있다. 이념 프레임 때문이다. 미디어가 설정한 프레임의 범위에 들어오지 못하는 것은 다 버린다. 전체에 대한 균형 잡힌 종합보도가 불가능한 시스템이다. 보수와 진보 중 어느 한쪽이 유독 잘못됐다는 것은 아니다. 이 역시 독자들마다 생각이 다를 것이다.

다음은 1990년 1월 18일 오전 <연합뉴스>가 보도한 변사(變死)기사이다.

深夜영업단속 收入감소 樂士 자살

恥部에 건전지 연결 變態행위 흔적도

(서울=聯合) 17일 하오 6시 10분께 서울 양천구 목3동 609의 9 金모씨(64.여)집 건넌방에서 이 집에 하숙하는 스탠드바 악사 崔모씨(41)가 창틀 못에

스타킹으로 목을 맨 채 숨져있는 것을 집주인 金씨가 발견, 경찰에 신고했다.

　金씨에 따르면 하오 6시께면 서울 은평구 대조동 M 스탠드바로 일을 나가는 崔씨가 저녁식사도 하지 않고 인기척이 없어 방문을 열어보니 崔씨가 여자용 스타킹으로 1.5m 높이의 창틀 못에 목을 맨 채 숨져 있었다는 것.

　경찰은 숨진 崔씨가 알몸으로 스프링 철사를 감은 자신의 치부에 라디오용 6v 건전지를 연결하고 있었다고 밝혔다.

경찰은 5개월 전 이혼한 崔씨의 숨진 모습과 유서가 없는 점 등으로 미루어 성도착 상태에서 스타킹으로 목을 조르다 실수해 죽은 것이 아닌가 보고 있다.

　경찰은 그러나 崔씨가 유흥업소 영업 제한조치가 실시된 이후 일당이 하루 평균 3만원에서 1만 원 이하로 떨어지자 "이 돈으로는 생활이 어렵다"고 비관해 왔다는 동료악사 柳모씨(36)의 말에 따라 崔씨가 생활고를 비관해 자살했을 가능성도 배제하지 않고 있다.

　　이 기사는 필자가 2년차 병아리 기자로서 직접 취재, 보도했던 사건이기도 하다. 굳이 소개하는 것은 프레이밍과 관련된 곡절이 있기 때문이다. 이 사건은 1990년 1월 17일 사회부 경찰기자들의 야근 과정에서 포착됐다. 자정 무렵 서울 시내 경찰서 중 마지막 체크 포인트인 영등포 경찰서에 도착했을 때 사건보고가 들어왔다.

당시 조간신문들의 시내 판 마감은 대부분 자정 언저리였기에 신속한 기사처리가 필요했다. 현장에는 가볼 생각조차 하지 못한 가운데 양천경찰서에 전화를 걸어 조서의 내용을 불러달라고 했다. 그때 확인된 것은 악사인 최씨가 목을 맸다는 것과 유흥업소 영업시간 제한조치 때문에 갑자기 줄어든 수입을 걱정했다는 것, 이 두 가지였다. 영업시간 제한조치란 당시 노태우 정부가 '범죄와의 전쟁'을 선포하면서 유흥업소의 영업시간을 밤 12시로 제한한 것을 말한다. 사건의 프레임은 분명했다. 앞서 소개한 뉴스의 요건 중 '시의성(timeliness)'을 완벽하게 충족시키고 있었다. 황급히, 이런 방향으로 처리된 기사는 위의 첫 줄 제목처럼 정부 조치 때문에 생활이 어려워진 악사가 비관 자살한 것으로 각 신문의 시내판 사회면에 꽤 비중 있게 보도됐다. 심야에 튀어나온 기사는 다음 날 아침 독자들에게는 그야말로 따끈따끈한 뉴스가 되기에 신문은 해당 기사의 크기를 의도적으로 키운다. 필자도 "모처럼 밥값을 했다"고 뿌듯해하며 새벽 퇴근을 했던 기억이 있다.

그런데 그게 아니었다. 프레임이 틀렸다. 사망 원인이 정확하지 않았던 것이다. 다음 날인 1월 18일 경찰은 위 기사의 둘째줄 제목처럼 변태행위의 극단적 자극에 따른 사망으로 판단하고 있었다. 담당형사는 변사자의 유서가 없기도 했지만, 무엇보다 현장의 모습과 흔적들이 그걸 입증하고 있다는 조사결과를 상세히 설명했다. 마감시간에 쫓겼던 기자들이 꼼꼼한 팩트 체크 없이 영업시간 제한과 악사의 수입 감소를 엮어 비관 자살로 연결해 버리는 집단적 실수를 범한 것이다. 만약 기자들이 실상을 제대로 파악했다면 기사화하지 않았을 가능성이 크다. 변태행위 끝 사망에 대해서는 프레임, 즉 야마를 뽑아내기가 어려웠을 것이기 때문이다. 거기에선 어떤 사회적 의미도 찾기 어렵다. 명백한 오보였지만, 정정기사는 나가지 않았다. 워낙 오래 전 일이지만, 그때 기사를 본 독자들은 기자들의 잘못된 프레임 때문에 악사가 비관자살한 사건으로 기억하고 있을 것이다.

　<연합뉴스>의 기사는 1월 18일 오전 완성된 조서를 토대로 작성한 것이기에 내용이 충실하다. 기사의 스토리는 변태행위로 인한 사망에 비중을 두었지만, 제목은 비관자살 가능성을 앞세웠다. <연합뉴스> 기자는 동료 기자들이 전날 야근에서 집단 오보를 낸 것을 알지만, 동업자로서 차마 그것을 정면으로 부정하는 기사를 쓰는 게 부담스럽지 않았을까 추측해본다. 기사 내용이 '이 소리도 아닙니다. 저 소리도 아닙니다'라는, 목 보호제인 '용각산(龍角散)'의 광고 카피를 연상시키는 것은 그 때문일 것이다.

다양한 압력

이번엔 뉴스의 방향과 내용에 영향을 미치는 요인들이다. 앞부분에서는 미디어 내부에서 어떤 기능이 작동한 결과로 가짜사건, 가짜뉴스가 튀어나왔는지를 살폈다. 복습하자면, 기사 취사선택(gate keeping), 의제설정(agenda setting), 틀 짓기(framing) 등이다. 한마디로 편집(edition)이라고 했다. 영향 요소들이란 이러한 편집의 세 단계에서 다양하게 개입해 기사에 영향을 미치는 힘, 영향, 변수들을 뜻한다. 이는 눈에 보일 때도 있고 그렇지 않을 때도 있는데 어찌됐든 상시적으로 작동하고 있다. 하나의 뉴스가 생산되기까지 개입된 요소들은 생각보다 종류가 많고, 조직적이며, 매우 강력하다.

뉴스는 큰 기사에서 사소해 보이는 기사까지 기자와 데스크의 협의에 따라, 기자가 작성하고 데스크가 손질해 만들어내는 차원의 단순 상품이 아니다. 그것은 겉만 보았을 때 이야기다. 뉴스는 기자 개인의 취향이나 배경에서부터 뉴스 보도의 관행과 조직의 이해, 미디어 외부 권력의 압력과 미디어가 속한 사회의 통념과 가치체계 등이 상호작용하고 결합하면서 제작 과정에 영향을 행사한 결과물이다. 앞에서 소개했던 마이클 셔드슨의 책 제목이 『뉴스의 사회학』인 것은 뉴스 생산의 이러한 구조를 한 마디로 응축해 시사하는 것이라고 보면 된다. 직접 뉴스를 만드는 주체는 미디어지만, 배후에는 다양한 사회적 영역의 권력과 영향이 개입하고 있음을 의미한다. 여기서 잠깐 보도의 기본모형으로 돌아가 보자. 이런 거였다.

송신자(취재원) → 미디어 → 수신자(수용자)

↑   ↑

메시지A ≠ 메시지B

셔드슨의 정의처럼 뉴스가 사회적으로 구성되는 것이라고 했을 때, 이 모형에서 송신자가 보내는 뉴스의 원형질, 즉 메시지

A는 필연적으로 변형 또는 훼손될 수밖에 없다. 온전히 진짜가 아니라는 의미에서 가짜뉴스가 나온다고 말했었다.

뉴스생산의 영향 요인들에 대해서는 지금까지 여러 논의와 제안이 있었지만, 필자가 보기에 가장 입체적이면서 동태적으로 정리한 학자는 미국의 P. 슈메이커와 S. 리즈이다. 다음은 『매스미디어 사회학』에서 그들이 제안한 동심원 모델이다.

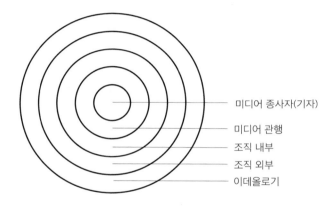

Shoemaker & Reese(1996). Mediating the message : Theories of influence on mass media content. New York: Longman.

모델이 동심원인 이유를 먼저 알아야 한다. 각 요소들이 병렬적 위치에서 동등한 힘으로 작용하는 게 아니라는 뜻이다. 각각 독립적 영향력을 갖고 있지만, 동시에 자기 바깥쪽 영역의 요소들에 의해 조건화되고, 때로는 규정되고 있다. 예를 들어 미디어 종사자, 즉 기자 개인의 특성에 따라 기사의 선택과 방향, 표현과 문체 등이 달라질 수 있지만 이는 오랜 시간 누적돼온 미디어 업계와 소속 언론사 특유의 제작 체계 등 관행의 울타리를 넘어설 수 없다. 뛰어봐야 벽에 부딪힌다는 뜻이다.

관행도 마찬가지이다. 독립적, 배타적인 것이 아니라 언론사의 이해관계 또는 편의주의나 외부 압력의 영향에 따라 구체적 모양이 만들어지고 실행된다. 다시 말해, 관행은 바깥 원에 위치한 조직 안팎의 보다 크고 중요한 목표를 실현하는 하나의 수단으로 작동한다고 볼 수 있다. 이 모든 것을 품고 있는, 가장 바깥쪽 요소가 이데올로기로서, 기자의 배경과 조직의 관행과 이해, 그리고 외부에서 작용하는 자본과 권력의 힘도 이를 넘어설 수 없다. 한국 사회 이데올로기의 가장 큰 덩어리는 자본주의 시장 경제라고 할 수 있다. 사람들의 생각과 행동을 지배하고, 사회의 모든 제도에 배어 있는 이념이자 원리이다. 전통과 상식, 통념도 이데올로기 범주에 포함된다. 개인과 집단은 자율적 결단에 따라 이데올로기의 울타리를 벗어나는 행동을 할 수도 있지만, 미디어는 불가능하다. 왜냐하면 그런 아이디어를 담은 콘텐츠는 시장에서 받아들여지지 않기 때문이다. 때로는 법적 문제를 야기하기도 한다. 그것은 해당 미디어의 퇴출을 의미한다.

이제, 동심원 구성요소를 하나하나 뜯어보도록 하겠다. 첫째는 한가운데 작은 원에 위치한 미디어 종사자, 즉 기자이다. 당연한 말이지만 기자는 자기만의 역사와 개성을 가진 독립적 인격이다. 일반적으로 이렇게 형성되어 있을 것이다.

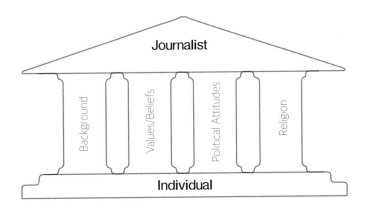

성장과정 및 출신지역, 학벌 등의 배경(background)과 가치관 및 신념(value&belief), 정치적 태도(political attitude), 그리고 종교(religion)이다.

취재와 기사작성의 주체는 기자이다. 물론 사전에 소속 부서 데스크와의 소통과 데스크의 결정에 따라 보도 작업이 진행되기 때문에 기자 개인이 전적으로 알아서 할 수 있는 일은 아니다. 하지만 데스크가 기자의 현장 활동을 일일이 통제하는 것도 불가능하다. 기자의 정체성이 많든 적든 기사에 녹아있을 수밖에 없는 이유다. 기자의 고향, 가정, 학교에서의 성장과정과 세계관, 신념 같은 것이 취재와 보도 과정에 작용한다. 뉴스라는 상품이 제조업의 공산품과 결정적으로 다른 부분이다. 생산자의 구체적 인격이 상품에 투사되기 때문이다.

언론사 인사에서도 기자의 취향과 소질 등이 고려된다. 인사는 부서 이동과 출입처 배정을 말한다. 정치부의 경우 출신지역이 출입 정당을 정하는 데 변수로 작용하기도 한다. 요즘 같으면 호남 출신은 더불어민주당(진보 성향), 영남은 국민의힘(보수 성향)으로 갈 가능성이 크다. 출신과 정치적 성향이 어느 정도 동반관계에 있다고 보는 분위기 때문이다. 그런 식의 배치를 했을 때 취재효율이 더 높아진다는 게 언론계 내부의 오래된 인식이다. 필자도 부장으로서 기자 인사를 해보았는데 부정할 수 없는 현실이었다. 건강한 현상은 아니지만, 타사와 매일매일 전쟁을 벌여야 하는 상황에서 어쩔 수 없는 측면이 있다.

현장 출입기자는 그날의 기사거리가 정해지는 편집국장(신문) 또는 보도국장(방송) 회의 전에 데스크에게 썼으면 하는 주제와 내용을 보고해야 하는데 무엇을 보고하느냐에서부터 개인 성향과 기호가 반영된다. 또 같은 주제의 기사를 쓰더라도 문장의 구성, 표현과 뉘앙스가 저마다 다르다. 일선 기자들 차원의 '작은 편집'이 이루어지는 단계이다. 이런 점에서 가짜뉴스가 만들어지는 첫 단계라고 할 수도 있다.

다음은 두 번째 동심원인 미디어 조직의 뉴스생산 관행(慣行)이다. 관행은 학문적으로도 미디어가 어떻게 뉴스를 만들며, 그 과정에 어떤 요인이 작용하는지를 이해할 수 있게 해주는 중요한 연구대상이다. 슈메이커와 리즈는 미디어가 직무를 수행하기 위해 이용하는 '정형화되고, 관습적이며, 반복되는 활동과 형식'으로 관행을 정의한다. 관행은 뉴스 발생의 불확실성, 마감시간, 속보 경쟁, 취재 가능성 같은 수많은 변수와 제약 속에서 신속하고 효율적이며 안정적으로 뉴스를 생산해야 하는 조직의 현실적 필요에 의해 오랜 시간에 걸쳐 만들어졌다. 관행은 뉴스 수집, 가치 판단, 게이트키핑, 제작 방식, 보도 방식 등 미디어의 취재 및 보도 전 과정에 걸쳐 작용하며 내용에 지대한 영향을 미친다. 수많은 관행을 하나하나 뜯어보는 것은 언론 판의 실상을 가장 생생하게 목격할 수 있는 방법이다. 관행을 특별히 길게 다루려고 하는 것도 그래서이다. 우리는 이미 짐작하고 있다. 관행의 위력에 비례해 그림자가 클 것이라는 사실을.

관행은 두 종류로 나누어 볼 수 있다. 미디어 내부의 제작 시스템에 관한 것이 하나이고, 취재 및 보도활동과 연관돼 주로 외부에서 작동하는 관행이 둘째이다. 먼저 조직의 내부 시스템을 보자. 그러려면 편집국 또는 보도국의 위계를 기본적으로 알아야 한다.

사장, 주필
편집국장, 보도국장
부국장
데스크 (부장+차장)
출입처 팀장, 기자

보도는 위 그림의 아래로부터 위로의 보고 및 협의체계에 따라 진행된다. 평 기자들 입장에선 층층시하(層層侍下)이다. 기자 개인이 마음대로 할 수 있는 게 뭐라도 있을까 싶다.

매일의 중요 기사(의제)를 골라내고, 그 방향을 정하는 데 가장 큰 영향력이 있는 사람은 해당 데스크와 편집 또는 보도국장이라고 보면 된다. 부국장은 국장을 보좌하면서 국장과 부장들 사이에서 디테일을 챙기는 사람으로 보면 된다.

사장과 주필은 하루하루의 루틴에는 관여하지 않지만, 회사의 이익이나 정치권력, 주요 광고주 등에 연관된 사안이 발생하면 개입한다. 주로 국장에게 의견을 전달해 관철시킨다. 위의 동심원 구조를 대입하면 기자 → 데스크 → 편집 또는 보도국장 → 사장, 주필의 순으로 원이 커진다고 보면 된다. 편집국 또는 보도국에 국한해서 뉴스가 만들어지는 프로세스를 좀 더 세밀하게 보면 대개 이렇다.

a. 취재현장 회의, 보고 → b. 데스크 취합 → c. 부장단 회의 → d. 국장단 회의 → e. 지면 결정 → f. 기사 작성 → g. 데스킹 → h. 편집 작업(제목달기) → i. 인쇄 → j. 부장단 회의 → k. 수정 보완 → l. 부장·차장단 회의 → m. 수정 보완

a는 출입처별로 현장에서 그날의 기사가 될 만한 소재를 모아 부서 데스크에 보고하는 과정이다. 일선 기자들에겐 가장 힘든 시간이기도 하다. 다니엘 부어스틴이 『이미지와 환상』에서 '뉴스는 만들어지는 것(making)'이라고 했던 말을 기억할 것이다. 기사는 밖에 둥둥 떠다니는 것을 모으는 게 아닌, 만드는 것이기에 보고는 항상 어렵다. 새로운 사실이든, 관점을 달리하든

전과 다른 어떤 것을 찾아내야 하므로 머리에 쥐가 난다. 아침 댓바람부터 데스크에게 욕을 먹지 않으면 다행이다. 그래서 출근길 발걸음은 전날 과음을 하지 않았어도 대개 무겁다. 기자와 데스크 간 이견이 생길 경우 이기는 쪽은 대부분 데스크이다. 좋은 의미든 나쁜 의미든 시야가 넓기 때문이다.

b와 c는 각 부에서 취합된 보고 내용을 놓고 국장이 주재하고 모든 부장이 참석하는 회의가 열리는 과정이다. 이 자리에서 그날 각 부서가 보도할 기사의 종류가 결정된다. 취사 선택, 게이트 키핑이 대충 완료되는 단계이다. d는 부장단 회의 종료 직후 국장이 부국장들과 함께, 신문이라면 헤드라인을 포함한 1면에 배치할 기사와 방송이라면 메인뉴스 첫 번째 꼭지로 내보낼 기사를 중심으로 주요 기사를 선별한다. 의제설정, 아젠다 세팅이 이뤄지는 것이다. 나머지 기사들의 배치와 크기 조정은 소관 부장들의 재량에 맡겨지는 것이 보통이다. e와 f는 이렇게 해서 결정된 지면의 구성과 기사에 대한 작성지시가 일선 기자에게 통보되는 순서이다. 기자들이 보고하면서 생각했던 취지가 변형되거나, 제목만 남고 내용은 거의 사라진 채로 지시가 내려오는 경우도 비일비재하다. 그래도 이건 보고한 게 몽땅 '킬(kill)' 되는 것보다는 낫다. '킬 됐다'는 것은 쓰자고 한 내용이 다 버려졌다는

뜻이다. 그날 밥값을 못하게 되니 민망하다. 설상가상으로 다른 기자가 발제한 주제를 대신 쓰라는 지시를 받기도 하는데 기분이 정말 더럽다.

g는 데스킹으로, 기자들이 작성한 기사를 부장과 차장이 손질하는 것을 말한다. 기사를 넘긴 기자들이 가장 긴장하는 시간이다. 기사가 승인돼 편집부로 넘어간 것을 확인하면 그날 하루는 일단 별일 없이 지나간 것으로 보면 된다. 기사가 마음에 들지 않으면 데스킹 도중 전화를 걸어 육두문자를 날려대는 부장, 차장이 적지 않았으니까. 기자 사회는 다른 조직에 비해 위계가 강하고 거친 측면이 있다. 시간을 다투며 특종과 낙종을 반복해야 하는 업무특성 때문으로 생각된다. 긴박한 상황에 자주 직면하다 보니 스트레스로 인한 음주도 잦았다. 물론 그러다보니 습관이 됐다.

데스킹을 거친 기사가 편집부로 넘어가서 제목이 만들어지는 게 h의 과정이다. 제목은 큰 기사의 경우 부제까지 합쳐 3, 4문장이고, 보통은 1, 2문장 정도이지만 기사 가독성 및 시청률에 매우 중요한 영향을 미친다. 같은 기사라도 수용자들의 시선을 붙잡을 만한 제목을 뽑느냐 여부에 따라 반응의 차이가 크다는 것은 상식이다. 편집부의 업무가 양적(量的)으로는 큰 부담이 없어 보이지만, 제목 한 줄을 뽑기 위한 고뇌는 취재기자 못지않다. 나머지 i, j, k, m은 1차로 완성된 뉴스들을 상황변화 등을 반영해 수정하고 보완하는 과정이다. 이 작업이 심야까지 이어진다. 신문은 다음 날 자정 무렵, 방송은 심야 마감뉴스까지다. 이러니 언론인 출신들의 평균 수명이 길지 않을 수밖에.

다소 길게 뉴스 생산과정을 설명한 것은 뉴스가 어느 누구의 독자적 생산물이 아니라 미디어 조직, 특히 위계와 시스템의 산물이라는 점을 보여주기 위해서였다. 이를 '집단지성'이 발휘되는 과정으로 평가하는 이들도 있겠지만, 위계와 시스템의 작동이란 권력과 자본과 같은 현실의 힘을 끌어들이고 미디어의 편견과 사적 이해가 끼어드는 공간을 제공하고 있음을 부인하기 어렵다. 미디어의 공정성과 신뢰도에 대한 끊이지 않는 안팎의 비판은 실제로 그러한 일이 벌어지고 있음을 말해준다. 이렇게 볼 때 대중이 접하고 있는 뉴스는 온전한 진짜가 아니라는 점에서의 불가피한 가짜사건, 가짜뉴스가 아니라 훨씬 복잡하게 오염된 가짜일 수 있겠구나 하는 의심이 생기는 것은 어쩔 수 없다.

관행의 두 번째 파트이다. 방금 미디어 조직내부의 뉴스생산 프로세스를 죽 살펴보았다면, 이번에는 취재와 보도 과정에서 안팎으로 반복되고 있는 보편적 관행에 대한 것이다. 뉴스의 가치에 대한 관행, 미디어들 사이의 관행, 논리적 측면에서의 방어적 관행, 취재원 관행 등 다음과 같은 네 가지로 나눌 수 있다.

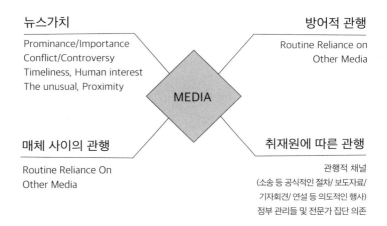

왼쪽 위부터 시계 반대방향으로 돌아가면서 하나 씩 간략히 설명하겠다. 첫째, 뉴스 가치, 즉 어떤 속성을 갖고 있는 사건이 뉴스가 되느냐에 대해서는 앞서 게이트 키핑을 다루면서 살펴본 바 있다. 왜 이런 것들만 뉴스가 되는지를 둘러싼 반론과 대안이 얼마든지 있을 수 있다고 지적했었다. 그럼에도 불구하고, 이는 오래된 관행으로서 여전히 강력하게 작동하고 있다. 이외의 새로운 요소가 덧붙여지기는 쉽지 않아 보인다. 미디어 종사자들의 관성은 강고하고, 내부의 성찰도 그다지 감지되지 않는다. 하루 단위의 승부, 요즘 같으면 포털 공간에서 분, 초 단위의 속보 경쟁을 벌여야 하는 사람들에게 철학적, 윤리적 문제가 포함되는 고민과 결정을 요구하는 것은 비현실적일지 모른다. 구독자, 시청자 등 시장의 입맛은 이에 길들여진 지 오래이니 굳이 무리할 필요도 없겠다.

사기업인 미디어에게 광고 수입으로 연결될 수 없는 보도 콘텐츠를 내놓으라니 우물가에서 숭늉 찾는 격일까? 하지만 우리 사회에는 미디어를 통해 세상의 구석구석을 더 넓게 보고 싶은, 보다 높은 수준의 지적, 도덕적 자극을 받고자 하는 사람도 꽤 많다. 왜 이런 것은 꼭 책을 읽어야 가능하다고 생각해야 할까?

세상사를 둘로 나누면 하나는 '급한 일', 다른 하나는 '중요한 일'이라는 이야기가 있다. 급한 일은 의무, 공부, 직업, 오락 등과 같이 생존을 위해 반드시 그때그때 해야 한다고 여겨지는 일인 반면 중요한 일은 사랑, 희생, 봉사처럼 큰 가치를 지니지만 돈 버는 것과는 거리가 먼 일을 말한다. 우리는 이중 한쪽 일만 하면서 살 수는 없다. 두 가지 일을 조화롭게 열심히 해야 삶이 윤택해진다고 믿는다.

미디어의 보도는 급한 일에 상당 부분을 할애하고 있다. 그것이 시장의 요구이기도 하다. 세태라고도 할 수 있겠다. 그래서 대중의 문제도 뒤쪽에서 진지하게 조명해 볼 것이다. 분명한 것은 미디어의 뉴스 선택은 우리가 보는 세상의 모습을 좁히고 있다는 점이다. 좁힐 뿐 아니라 자주 굴절시킨다. 더 넓은 세상을 더 선명하게 보여주는 미디어. 비현실적이지만, 포기할 수 없는 이상(理想)이다.

둘째, 매체 사이의 관행이다. 이보다 익숙한 표현은 업계 관행이다. 이게 구체적으로 무엇을 말하는지는 뒤에서 따로 지면을 할애해 꼼꼼히 설명할 것이다. 일단 총론적으로, 언론사들은 경쟁자이면서 동업자라는 의미이다. 언론계도 동업자 정신이라면 다른 분야에 뒤지지 않는 곳이다. 싸울 때는 싸우더라도, 서로 편의를 주고받음으로써 공동의 영역과 이익을 공고히 한다.

출입처의 기자실 운영 행태가 대표적이다. 과거에는 신생 언론사들의 경우 기자실에 바로 등록을 하지 못하고, 일정 기간이 지난 뒤 기자실 회의의 허가결정이 내려져야 비로소 출입이 가능했던 적이 있었다. 일종의 텃세였다. 요즘은 그렇지 않다고 한다. 같은 출입처 기자들이 특정 기사를 쓸지 여부를 '담합(談合)'으로 결정하는 사례도 많았다. 담합의 일본어 발음인 '단고'

는 필자가 현역으로 뛸 때 업계의 일반명사였다. 그만큼 비일비재했다. 어떤 기사를 쓰지 않기로 했던 결정을 어기면 일주일, 한 달 출입정지와 같은 기자실 차원의 징계가 떨어졌다. 대형 또는 중요 사건에 대한 기사의 프레임을 공유하는 일도 잦았는데 무리에서 떨어져 있다가 야마를 놓치면 큰 낭패를 볼 것이라는 '안전제일' 심리가 작동했기 때문이다. 상호간 기사 베끼기가 일상화돼 같은 출입처 기사내용이 비슷비슷해지는 경향을 보이기도 했다. 언론사들 간의 상호의존 관행은 보도 과정의 장벽 쌓기로서 기사의 획일화를 부르게 된다. 역시 대중의 시야를 임의로 재단해 좁히는 행위이다.

셋째, 취재원 관행이란 출입처의 '일방적' 발표와 특정 취재원에 과도하게, 습관적으로 의존하는 행태를 말한다. 이 또한 출입처 제도에서 주로 발생하는 문제점이다. 기자들은 출입처의 보도자료 배포나 기자회견, 주요 인물의 연설 등 공식 이벤트를 통해 1차적인 보도의 근거를 얻는 경우가 대부분이다. 그러다 보면 기사의 내용이 출입처의 입장이나 이해를 반영하는 쪽으로 흐를 가능성이 높아진다. 어쩔 수 없는 측면이 있다. 출입처 정보에 관한 한 담당자들이 압도적 주도권을 쥐고 있으며, 기자들의 접근 또한 용이하지 않은 게 현실이다. 그렇다고 해서 기자들이 보도

자료 내용을 그대로 전달하는 것도 아니고, 때로는 '업어치기'를 통해 정부가 희망했던 것과 반대의 프레임(야마)으로 기사를 작성하기도 한다. 하지만 어디까지나 정보의 원천은 출입처에 있기에, 정도의 차이가 있을망정 내용의 출입처 편향 같은 것은 피하기가 어렵다고 볼 수 있다. 이 부분은 송신자(sender)의 문제를 다룰 때 다시 이야기하겠다.

취재원 문제도 마찬가지다. 보도를 유심히 보면 '고위 관계자' '전문가' 등의 코멘트가 흔히 인용된다. 고위관계자는 대개 정부의 관리들이고, 전문가는 대학교수나 연구소 박사들이 많다. 이들과 기자는 평소 이런저런 관계로 네트워크가 형성돼 있다. 전임 출입기자에게 이들의 리스트를 물려받은 경우도 잦다.

기자실을 운영하는 정부 부처 관계자들에게 기자들과의 식사자리 등을 통한 친분 쌓기는 중요한 업무 중 하나다. 기자들은 현안에 대한 질문이 있을 때, 기사의 야마를 뒷받침해줄 논리가 필요할 때 이들에게 전화를 하거나 마이크를 들이댄다. 그럴 때 어떤 이들은 기자가 원하는 방향과 내용을 먼저 물은 뒤 그대로 말해주기도 한다. 서로 막역한 사이일 때 가능한 일이다. 이런 게 반복되다 보면 뉴스의 불편부당성 또는 공정성에 결함이 생길 수 있다.

미국의 언어학자 노엄 촘스키는 『여론조작』이라는 책에서 "언론은 경제적 필요와 서로의 이익을 위해 강력한 정보제공자와 협력관계를 유지하며, 반대로 정부와 기업은 정보제공자의 입지를 굳건히 하기 위해 언론의 편의에 모든 것을 맞추려고 한다"고 지적했다. 서로의 필요에 의한 긴밀한 의존관계를 말하고 있다. 딱히 부정하기 어려운 통찰이다. 촘스키에게 대학교수들 역시 언론과 함께 지배 엘리트 그룹에 속하는 사람들이다. '그들만의 리그'가 관행이라는 이름으로 정착·운영되고 있다는 것이다.

넷째, 방어적 관행은 외부로부터의 공격과 비판을 방어하기 위한 객관주의를 내세우는 행태이다. 원래 저널리즘의 객관주의의 핵심은 사실과 의견의 철저한 분리이다. 또 취재 대상으로부터의 거리두기가 포함된다. 이를 통해 기자는 관찰자로서 상황을 있는 그대로 정확하게 묘사해야 한다는 취지이다.

그러나 현장의 모습은 이와는 거리가 멀다. 한국 언론은 객관주의의 외형과 형식만 가져왔다는 비판에서 자유롭지 못하다. 기자와 언론사는 보도에 따른 소송에 항상 휘말릴 수 있는데 이러한 위험에서 벗어나기 위한 방편으로 객관주의가 이용되고 있다는 분석이 많다. 미디어가 어떤 입장을 주장하고 싶은데 직접적으로 표현할 경우 불공정 시비 등이 발생할 수 있으므로 제3

자, 그것도 주로 익명의 취재원의 의견으로 포장하는 수법을 사용하는 것이다. 그리고는 "우리는 현장의 목소리를 반영했을 뿐"이라며 빠져나간다. 무책임한 변칙이고 편법이지만, 언론계 전반에 퍼져 있는 전통적 관행의 하나이다.

쇠고기 수입 파동, 세월호 사건, 조국 사태 등 근래의 굵직한 시국 사건에 대해 국내 주요 신문들이 익명의 취재원을 인용해 각기 다른 정파적 입장을 드러냈다는 것은 주지의 사실이다. 심지어 인용된 익명의 취재원이 실제 존재하지 않는 경우도 있다. 기자가 자신의 의견을 익명을 빌어 해당 기사의 프레임에 부합하도록 작문을 한다는 뜻이다. 편집부가 문제의 인용구를 제목으로 뽑는 사례 역시 적지 않다. 이렇게 되면 보는 사람들은 이를 기사의 중심 내용으로 인식할 공산이 크다.

이밖에 서술어를 주관적으로 선택하는 것도 객관주의 포장 전략의 하나이다. 예컨대 '강조했다' '선언했다' '암시했다' '항변했다' '주장했다' 등이 이에 해당되는 서술어이다. 5개 서술어 중 앞의 세 개는 취재원 발언을 두둔하는 뉘앙스로, 뒤의 두 개는 믿지 못하겠다는 암시로 전달된다는 분석(김창숙, 2019)이다. 그래서 미국의 저널리즘 교과서는 '말했다'와 '언급했다' 정도를 용인할 뿐 다른 것은 피해야 할 서술어로 제시하고 있다. 독자들의 생각은 어떨지 모르겠다. 중요한 것은 위의 다섯 개와 같은 서술어를 사용할 때 크든 적든 기자의 의도가 작용하는 게 경험적 사실이라는 점이다. 방어적 관행 역시 미디어의 주관 또는 편견이 관철되는 또 하나의 통로이다.

보도 관행 뜯어 보기

지금까지 앞의 그림이 분류한 관행의 유형이 각각 무엇을 의미하는지 대략적으로 설명했다면, 다음은 취재 및 보도 현장의 관행을 사례와 함께 깊게 낱낱이 파고들어가 보는 순서이다. 그럴만한 가치가 있다. 관행은 단지 업무의 효율을 높이는 수단에만 그치지 않는다. 취재와 보도 활동을 제한하거나 규정하거나 억압하는 일종의 제도로 작동하고 있다. 가짜뉴스, 가짜세상을 만드는 데 직접적 역할을 하고 있는 한 부분이라고 말할 수 있다.

슈메이커와 리스는 관행을 "미디어 종사자들이 일을 수행하는 데 사용하는 형식화되고, 일상적이며, 반복되는 일과 형태"라고 정의했다. 이 정도라면 큰 문제가 없다. 하지만 현실은 그렇지 않다. 개의 꼬리가 몸통을 흔든다. 원래 수단이었던 관행이 보도의 주인 행세를 하는 경우가 발견된다. 언론학자 베넷은 언론계의 관행을 구체적인 보도의 가이드라인이라고 설명하면서 "무엇을 보도하고, 어떻게 보도하고, 취재 결과를 어떻게 보여줄지를 결정하는 기준으로 제시되는 기본 규칙과 관습"이라고 말했다. 터크만은 뉴스가 현실의 반영이 아니라 '현실의 구성' 혹은 '구성된 현실'이라는 전제 아래 이 현실은 저널리스트들이 관행을 통해 구성된다고 주장했다. 나아가 쿡과 같은 학자들은 뉴스 생산 관행을 하나의 '제도'로 봐야 한다고 강조한다. 관행은 해도 그만, 안 해도 그만인 선택사항이 아니라 강제력을 갖는 규칙과 같은 것이라는 의미이다. 다시 말해, 언론계에 유입된 관행이 점차 확산되고 모든 구성원들이 동의하는 무의식인 행동 지침이 되면서 구성원들이 관행의 주체가 되는 것이 아니라, 관행이 주체의 역할을 하면서 구성원들이 관행에 종속된다는 것이다.

필자의 경험을 되돌아보더라도 현장의 관행을 익히고 실행하기에 바빴지 왜 반드시 그런 경로를 밟아야 하는지, 그것이 최선의 결과를 가져오는지 의문을 갖거나 깊이 생각해본 기억이 거의 없다. 그것은 기자로 살아가려면 반드시 지켜야 할 강력한 룰이나 규칙 같은 것이었다. 쿡이 말한 대로 하나의 고정된 제도였다는 생각이 든다. 어기거나 일탈하면 무능하다고 욕을 먹거나 인사 상 불이익을 당하게 만드는.

관행의 주체는 일선 기자들이다. 취재하고 기사를 쓰는 장본인이기 때문이다. 그렇다고 해서 모든 관행이 기자들 개인 차원에 의해 만들어진 것은 아니다. 그런 것도 있고, 나머지는 언론사의 필요가 더 크게 작동한 것도 있다. 이를 현장 활동을 통해 구현하는 것이 기자들이라는 점에서 주체라고 한 것이다. 관행은 뉴스의 방향과 내용, 수준과 직결된다. 문제는 관행 가운데 규범적으로, 윤리적으로 바람직하지 못한 것이 수두룩하다는 데 있다. 그러니 보도에 하자가 생길 수밖에 없는 것이다.

현재까지 관행에 대한 연구도 뉴스생산에 미치는 부적절한 영향의 측면이 부각되고 있다. 경제학이나 행정학 등 다른 연구 분야에서는 관행을 업무 효율성 제고를 도와주는 도구나 갈등해소 수단으로 규정하면서 긍정적인 역할을 강조하는 반면 언론 분야는 그 반대 경향을 보이고 있다.

베넷은 관행 덕분에 뉴스가 안정적이고 친숙하면서 지속적으로 제공되지만, 다른 한편으로는 기자들이 관행 때문에 기사를 자유롭게 쓰기 어려워졌다는 점을 지적했다. 기사 거리를 찾을 때부터 취재, 야마 잡기, 기사 작성 등 보도의 전 과정을 사실상 옥죄는 틀이 되고 있다는 뜻으로 읽힌다. 터크만은 권력을 가진 취재원을 선호하는 경향이나 권력기관을 중심으로 한 출입처 제도 등은 관행이 하나의 이데올로기로 작동하고 있음을 보여준다고 설명했다.

국내 언론학자들 사이에도 관행을 긍정적으로 평가하는 사례는 찾아보기 힘들다. 1990년 들어 등장하기 시작한 국내의 관행 연구는 다양하고 구체적인 관행의 실태 분석으로 확대됐다. 이와 관련해 길재섭(2017)의 박사학위 논문이 눈에 띤다. 그는 한국교육학술정보원이 운영하는 학술정보검색 시스템인 RISS에 게재된 국내 학술지 논문과 석사 및 박사학위 논문을 검색해 모두 37개의 관행을 추려냈다. 검색 키워드는 '뉴스'와 '관행'이었다. 이어 뉴스생산 관행들을 관행의 주체, 대상, 성격, 특징 등을 검토해 기자 개인 차원의 관행인 행동양식과 이데올로기, 미디어 대외적 관행인 취재원과 상업주의 연계, 미디어 대내적 관행인 언론사 조직과 통제, 마지막으로 기자의 취재, 보도 기법 등 4가지 유형으로 분류했다.

필자는 이를 토대로 일부 비슷한 관행을 통합해 37개를 35개로 줄이고, 분류 방식을 일부 수정했다. 즉, 기자와 언론사 조직으로 대별(大別)한 뒤 각각의 하위 항목으로 행동양식, 취재·

보도기법과 대내, 대외를 배치하고 4가지 항목에 해당하는 구체적 행태를 나열했다. 결과는 다음의 표와 같다. 표에 정리된 순서대로 따라가면서 각각의 관행이 무엇을 뜻하는 것인지 알아보겠다.

첫째, 분류표의 맨 위 칸에 있는 기자의 행동양식이다. 거기에는 기자들이 회사 내부 방침이나 보이지 않는 가이드라인에 맞추게 되는 자기 검열(self censorship)과 사회적으로 언론인의 직업이 우월하다고 생각하며 스스로 갑의 지위에 서는 갑질, 취재와 관련해 출입처나 공무원, 기업인 등으로부터 뇌물과 촌지, 향응 등을 받는 얻어먹기 등 윤리 측면의 관행이 포함된다.

기자	행동양식	자기 검열 갑질 촌지, 접대 등 얻어먹기 패거리 저널리즘 남성 중심
	취재 보도 기법	고위직 취재원 의존 출입처(기자실) 중심 취재 출입처 독점 기자실 정보 공유 습관적 인터뷰 사전 야마잡기 사건 중심 보도 익명 보도 기사 베끼기 역피라미드식 기사작성 정형화된 뉴스 기계적 균형 팩트 끼워넣기 따옴표 저널리즘 부실 취재 피동형 기사작성
언론사	대내	게이트키핑 의존 도제식 교육 권위주의 자사 이기주의 대형 뉴스 선호 뉴스량 경쟁 후속보도 소홀 무보도 가차 저널리즘
	대외	출입처 밀착 물타기 보도 광고주 봐주기 기사와 광고 바꿔치기 선정적 보도

한국언론의 뉴스생산 관행

참조 : 길재섭 (2017). 「뉴스생산관행에 대한 한국 언론인들의 태도유형 연구」 박사학위논문. 경성대학교 대학원.

자기 검열은 언론사 조직 규범과 조직 내 영향력을 행사하는 상급자나 동료로부터 비난이 있을 수 있다는 인식이 기사 내용에 변화를 가져오게 될 때 생긴다. 회사의 정치적, 재정적 이익에 도움이 되지 않는 기사는 내용을 약화시키거나 회피하는 행태가 대표적이다. 중요 광고주인 대기업에 관한 고발기사나 권력 핵심부를 비판하는 내용이 자기 검열의 빈번한 대상이 된다. 그런 기사는 독점 취재(특종)였을 경우 아예 보도되지 않을 확률이 매우 높아진다. 회사로서는 기사를 빼는 데 부담이 없기 때문이다. 심지어 간부 또는 선배 기자들과 개인적 친분이 있는 취재원에 대해서는 심각한 사안이 아닌 한 비판기사를 쓰지 않는 불문율 같은 것도 있다. 보도가 되면 그 취재원이 해당 간부에게 전화를 걸어 떼를 쓰면서 기사를 빼달라고 할 게 뻔하고 간부의 짜증을 고스란히 받아내야 하기 때문에 필자도 기사거리를 모른 척 넘긴 적이 있다.

　　촌지, 접대 등 얻어먹기는 사회 전반의 투명성 제고와 '김영란법' 등의 영향으로 줄어들고 있는 게 사실이다. 1980년대에 비하면 90년대가, 90년대에 비하면 2000년대의 언론계가 더 맑아졌다고 볼 수 있다. 하지만 완전히 사라졌다고 확언하기는 힘들다. 취재원과 언론인의 음성적 주고받기 관행은 줄었을지언정 존

속되고 있다고 보는 게 맞을 것이다.

　같은 출입처를 담당하는 기자들이 집단으로 기사를 쓰거나 혹은 특정 사안을 무시하면서 기자로서의 위력을 과시하는 패거리 저널리즘(pack journalism) 관행은 대형사건 보도에서 자주 나타난다. 대형사건에 대한 여론의 높은 주목도 때문에 기자들은 신경이 곤두선다. 이때 한 언론사의 특종으로 물을 먹는 것(낙종)은 나머지 기자들에게는 죽음이다. 이런 일은 일어나지 않는 게 서로에게 좋은 것이므로 기사화할 대상이나 기사의 방향을 조정해 다들 비슷비슷한 기사를 쓰는 쪽으로 암묵적인 합의가 이루어지는 것이다. 이는 보도 내용을 획일화시킬 뿐 아니라 일관성에도 문제를 일으킨다.

　취재, 보도 일상에서 드러나는 남성 중심 이데올로기도 존재한다. 전북지역 언론사 여기자들의 위상을 분석한 허명숙(2006)의 연구에 따르면 여기자들은 여성에 대한 편견, 남성중심의 파워구조, 밀실의 취재 관행, 권위주의 남성문화와 갈등을 겪고 있었다. 또 취재보도 현장에서는 남성적, 권위적 정보 수집 관행, 비공식 커뮤니케이션과 취재망, 비공식인 연줄과 연고, 남성적 게임에서의 상대적 배제, 성차별 고정관념이 성장을 막고 있는 것으로 나타났다. 기사 선택과정에서 데스크 위치에 있는 40~50의 엘리트 남성들의 관심사가 주요 뉴스 이슈로 선택되며 그렇지 않는 사안들은 기각된다는 연구결과도 있다. 여성의 시선이 배제될 수 있는 구조라는 점에서 문제 요인임에 틀림없다.

둘째, 기자의 취재, 보도 기법에 관련된 관행들이다. 이는 기자들이 뉴스를 생산하는 단계에서 업무의 편의성을 높이기 위해 활용하는 일종의 기술로서, 다시 취재 관행과 보도 관행으로 세분화할 수 있다.

취재 기법과 관련된 것으로 정치인과 공무원을 포함한 고위직 취재원 의존을 들 수 있다. 어느 분야든 고위직의 엘리트 취재원의 코멘트는 기사가치가 높다. 대중은 이들이 전문성과 신뢰성을 갖추고 있을 것으로 여기는 경향이 있다. 우리나라의 경우 소위 지도층에 대한 사회적 시선이 점점 서늘해지고는 있지만, 그래도 이들이 기사에 등장하느냐 여부는 여전히 기사의 구색과 무게, 신뢰도를 판단하는 기준이 된다. 이와 함께 기자의 출입처가 각 분야의 힘 있는 기관에 집중돼 있는 점도 고위직에 대한 취재 의존도를 높이는 원인이다. 이 부분에 대해서는 다음 장인 '빅브라더' 편에서 다시 이야기하겠다.

기자들이 권력과 정보를 가진 고위직 인사들에게 의존해 뉴스의 소스(source)를 찾는 관행은 보도 내용이 그들에 의해 좌우되거나 다양성이 사라지는 문제를 낳을 수밖에 없다. 특히 우리나라는 다른 나라와 비교할 때 정부 인사 활용빈도가 높은 것으로 나타나 '취재 편의주의'가 심하다는 비판을 받고 있다. 엘리트들이 전문성과 영향력을 갖고 있는 것은 사실이지만, 이들에 대한 의존은 소스를 제한하고 일반 시민의 이야기가 뉴스에서 사라지는 결과를 부를 수 있다.

출입처와 기자실 중심 취재 및 독점, 정보 공유는 모두 같은 맥락의 관행이다. 출입처 기자실의 언론이 해당 기관에서 나오는 각종 정보를 독점하면서 군소 및 신생 언론사들의 접근을 제한한다. 반면 자기들끼리는 정보를 수시로 공유하면서 뉴스의 제목을 의논하고 보도 시점을 정하기도 한다. 기자실 차원에서 특정 기사의 기사화 일자를 뒤로 미루는 '보도유예(embargo)' 결정을 종종 내리는데 이를 어기고 기사화하면 일정 기간 기자실 출입금지라는 자체 징계를 내린다. 출입기자단은 권력에 비해 약자인 언론이 힘을 모아 취재와 보도활동의 영역을 넓히기 위해 만든 제도인데 편의 추구의 수단이 되고 때로는 권력과 유착하는 통로로 기능하고 있음을 부인하기 어렵다.

습관적 인터뷰 관행은 기자들이 필요한 내용을 얻을 때까지

인터뷰를 반복하거나, 한두 명의 의견을 시민의 의견으로 일반화하는 경향을 말한다. 2008년 미국산 쇠고기 수입 문제에 대한 <조선일보>와 <한겨레>의 취재원 활용 차이를 분석한 연구(고흥석과 이건호, 2009)는 두 신문 모두 취재원이 행정부와 입법부에 편중되어 있으며, 특히 신뢰도 순위가 전문가보다 낮은 시민·사회단체, 일반 시민 취재원은 인터뷰 방식 등을 통해 자신들의 정치적 성향을 '은밀히' 보완하는 도구로 활용했다고 지적했다. 이는 자기들이 설정한 기사의 야마에 부합하는 언급이 나올 때까지 일반 시민을 대상으로 인터뷰를 계속하는 것을 말하는데 여의치 않으면 친구를 비롯한 지인들에게 원하는 코멘트를 미리 부탁한 뒤 인터뷰를 진행하기도 한다. 이렇게 기사의 핵심 논조를 뒷받침해주기 위해 언제든 연결되고, 원하는 발언을 해주는 시민과 전문가들을 요즘에는 '멘트봇'으로 부른다.

사전 야마 잡기(주제화 정향)는 기자가 기사를 쓰기 전에 기사를 어떤 방향으로 풀어 나갈지 미리 판단을 내린 뒤 취재 및 보도를 하는 관행이다. 학자들은 '야마'는 프레임과 비슷한 개념이지만, 처음부터 의도성 즉 특정 방향으로 기사를 쓰는 동기나 목표를 가진다는 점에서 다르다고 설명한다. 기자가 회사와 자신의 목적에 따라 미리 정해진 야마에 맞춰 사실을 재구성하거나 전체 중 일부를 과장하는 보도는 당연히 진실 보도라고 할 수 없으며 저널리즘 원칙을 훼손하는 것이다. 그리고 이렇게 내용으로 뒷받침된 야마는 기사의 제목(신문) 또는 헤드라인(방송)으로 표출된다. 이 점이 중요하다. 바쁜 구독자와 시청자가 시간이 흐른 후 기억하는 것은 제목이기 때문이다.

사건중심 보도에 대해서는 그게 무슨 문제일까 의문을 가질 수도 있다. 사건은 마땅히 상세하게 보도돼야 한다고 생각하니까 그럴 것이다. 그러나 함정이 있다. 사건 자체에 대한 보도에 집중하다 보면 배후의 이야기와 심층적 분석을 소홀히 하게 된다. 세밀하고 자극적인 상황묘사나 범인과 피해자의 신상, 범행수법, 인명피해 등등에 치우친 보도는 스포츠 중계방송과 같이 보는 사람들에게는 흥미로울지 몰라도 사건의 본질을 의도적이든 아니든 놓칠 개연성이 크다. 특히 언론통제가 심했던 1970, 80년대 군사독재 시절에 형성된 이런 관행은 사실보도라는 겉모습을 띠고 있으면서도 한편으로는 권력과 제도의 문제를 포함한 사건의 진짜 배후를 감추는 수단이 됐다.

대부분 기자들이 초년병 때 거치는 경찰기자로서 처음 배워야 하는 것 중 하나가 복잡해 보이는 사건을 이른바 객관주의 원칙에 따라 이해하기 쉽게 바꾸는 노하우였다. 그게 바로 형식적 사실주의가 아니었나 싶다. 세상사가 항상 그리 단순한 게 아닐 텐데 논란이 생기고 반박이 들어올 만한 소지가 있는 것은 일단 빼버리는 습관을 들였다.

조금 결이 다른 이야기이지만, 1990년대 초반까지는 사회면에 사건사고 기사가 무척 많았다. 살인, 강도, 뺑소니, 화재, 연탄가스 등등. 필자가 처음 입사했을 때는 사건에 대한 기사를 써야 하는 선배기자를 대신해 범인과 피해자, 사망자들의 사진을 구하러 다니느라 바빴다. 이런 보도 풍토는 당시 정치상황과 무관치 않은 것이었다. 전두환 정권에서는 '보도 지침'이라는 문건이 언론사에 전달돼 그날그날의 편집 방향을 사실상 강제했는데 권력에 부담이 될 수 있는 민감한 정치와 사회 현안에 대한 보도의 통제가 목적이었다. 그러니 이런저런 고민 없이 보도할 수 있는 사건사고로 사회면의 상당부분이 채워지게 된 것이다.

익명 보도의 경우 뉴스의 신뢰도와 공정성에 미치는 부정적 영향이 심대하다는 것이 학자들의 일치된 견해이다. 메신저가 누구인지 가려진 익명보도는 다양한 목적으로 악용된다. 앞서 말한 대로 야마에 부합하는 코멘트를 만드는 수단이 되고, 보도 후 발생할 수 있는 기자와 언론사의 책임을 피하는 방편이 된다. 또한 사실여부가 확인되지 않지만 온라인에서 회자되고 있어 마냥 외면할 수만은 없는 소문, 유언비어, 카더라 통신 등을 담는 그릇이 되기도 한다. 멀쩡한 언론사의 황당한 보도는 주로 이런 익명보도를 통해서이다.

원래 익명보도는 취재원이 익명을 통해 신상 노출에 따른 불이익을 피해가고, 기자들은 취재원으로부터 보다 깊이 있는 정보를 얻을 수 있다는 점에서 의미가 있었다. 그러나 요즘에는 익명 뒤에 숨은 허위 사실 혹은 기사 내용과 편집상의 조작을 지적하는 부정적 견해가 훨씬 크게 부각되고 있다.

세계적으로 유명한 익명보도 사고가 있었는데 1980년 9월 미국 <워싱턴포스트>의 자넷 쿡이 쓴 '지미의 세계'라는 기사가 그것이다. 이 기사는 8살 지미가 엄마와 엄마의 남자친구의 위협으로 매일 헤로인을 복용한다는 충격적 내용을 담고 있었다. 쿡 기자는 퓰리처상을 받았는데 그는 지미가 실존 인물이지만 실명을 밝히면 자기가 살해당할 것이라고 해서 익명을 사용한다고 주장했다. 그러나 지미는 완전히 조작된 인물이었고, 기사도 허구로 드러났다.

우리나라에서도 대형 익명보도 사고가 있었다. 2014년 세월호 사건 발생 당일 상당수 언론이 '학생 전원 구조'라는 역사에 남을 오보를 냈다. 속보 경쟁에 정신이 팔려 익명의 취재원을 빌어 1면 기사를 보도하려다 빚어진 언론 참사였다. 경쟁 언론의 보도가 쏟아지는데 사실 확인은 되지 않으니 있지도 않은 익명 취재원을 등장시켜 보도된 내용을 그냥 받아 쓴 것이다. 이후 세월호 보도가 저널리즘 원칙에 얼마나 충실했는지를 4개 일간지, 2개 방송사를 대상으로 분석한 연구(송상근, 2016)가 나왔는데 사고 발생 후 한 달 동안 보도한 기사의 취재원 중 46.2%가 익명이었다. 이 연장선에서 '7문장+2인터뷰'로 도식화된 한국의 기사, 특히 방송기사 작성 관행이 모든 리포트마다 인터뷰를 2개 이상 포함시켜야 한다는 심리적 압박을 가함으로써 섭외와 접근이 용이한 익명 취재원에 대한 의존도를 심화시켰다는 연구(이윤희, 2017)도 있다.

포털을 통한 뉴스 소비가 확대되면서 온라인상에 먼저 올라온 타 언론사의 기사를 일부만 수정하거나 문장 순서를 바꾸거나 아니면 아예 베껴서 자기들이 쓴 기사처럼 업로드 하는 비윤리적 관행도 횡행하고 있다. 이를 '뉴스 어뷰징(news abusing)'이라고 부른다. 온라인 환경에서 어떤 매체의 기사가 표절 또는 일부 수정돼 다른 매체의 기사로 탈바꿈되는 속도는 실시간에 가깝고 이렇게 보도되는 기사의 양도 기하급수적으로 늘고 있다. 다 어뷰징 기사는 아니지만, '1보' 또는 '속보'가 붙은 기사는 일단 조심하는 게 좋다. 이유는 돈 때문이다. 기사 조회 수에 따라 온라인 광고가 따라붙는 시스템에서 기사 업로드의 속도는 곧 돈이다. 네이버나 다음 같은 포털사이트에 기본적인 취재 인력조차 갖춰지지 않은 언론사의 기사가 올라올 수 있는 게 뉴스 어뷰징 덕택이다. 이런 뉴스를 제목만 보고 잘못 클릭했다가는 덕지덕지 붙어 있는 저질광고 때문에 부실한 기사를 그나마 읽어 내려가기도 어렵고 빠져나오는 일마저 쉽지 않다.

타 매체의 기사를 일부 표현을 살짝 바꿔 내보내는 것을 현장에서는 '우라카이'라고 부른다. 차후 남의 기사를 완전히 베끼지 않았음을 강변하기 위한 면피 행동이다. '알려졌다', '전해졌다' 등의 피동형 표현으로 출처를 흐리면서 주제는 부각하는 수법이 흔히 구사된다.

베끼기 관행은 뿌리가 깊다. 온라인 뉴스가 활성화되기 전부터 통신사와 신문, 신문과 신문, 방송과 신문 사이에 특종과 기획기사를 제외한 어지간한 기사들은 요즘말로 서로 '공유'하는 일이 부지기수였다. 그때는 언론사의 수가 그다지 많지 않았고, 포털과 같은 뉴스 플랫폼도 없었기에 베낀 기사를 보도하는 행위를 기자들은 이런 말로 합리화했다. "우리는 우리의 독자 또는 시청자가 따로 있으니까!" 보도내용을 다른 언론에 실린 것과 비교해 보기 어려운 환경에 편승한 편의주의이며 '모럴 헤저드'였다고 할 수 있다.

뉴스 주제와 관련된 중요하다고 판단한 순서대로 기사의 앞부분부터 배열하는 역(逆)삼각형 또는 피라미드형 기사 양식은 효율적인 업무 수행을 위해 만들어진 관행이다. 스트레이트 뉴스는 리드라고 불리는 첫 문장에 기사의 제목과 주요 내용이 요약돼 있는 게 일반적이다. 아니면 둘째 문장 정도면 필수적인 정보를 모두 커버한다고 보면 된다. 비중이 큰 정보를 앞에 쓰기 때문에 기사가 가분수의 모양이 된다는 의미에서 역삼각형이라고 불리는 것이다. 아래의 그림은 '크래커'가 필명인 블로거가 작성한 것을 가져온 것인데 설명이 깔끔하다. 위에 있는 것일수록 중요도가 높아 '꼭 알아야 하는(need to know)' 것이고, 아래로 내려갈수록 그냥 '알면 좋은(nice to know)', 즉 잘라버려도 무방한 내용이라는 뜻이다.

역삼각형 구조는 미국 남북전쟁(1861~1865) 당시 전신으로 보내던 기사가 불안정한 연결 탓에 도중에 끊어지더라도 중요한 정보는 전달될 수 있도록 하기 위해 만들어졌고, 1900년 경 신문에 정착됐다고 한다. 한국에서는 해방 이후 미국 신문의 기사체가 소개되면서 확산되기 시작해 1960년 초반부터 공식이 됐다.

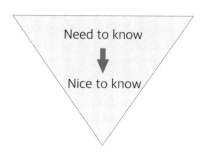

그러나 이 기사구조는 이제 많은 논란과 비판을 낳고 있다. 사안의 껍데기만 보여줄 뿐 안을 들여다 볼 수 없으며, 시민들의 삶의 현장이 아닌 전문가들의 뜬구름 잡는 이야기가 주로 담기게 된다는 것이다. 실제로 이 방식은 배경과 맥락을 파헤쳐 사안의 본질을 제대로 보여주지 못하는 한계를 노출하고 있음을 부인하기 어렵다. 결국 우리 언론의 병폐로 지목되는 형식적 객관주의 또는 형식적 사실주의를 강화하는 도구의 하나로 간주할 수 있다. 견습기자 시절 선배들로부터 좋은 평가를 받으려면 역삼각형 구조 안에 사건사고를 깔끔하게, 빨리 집어넣어 정리해내야 했다. 6개월 간 그걸 하느라 매일 욕을 먹고, 아주 가끔 칭찬을 받았다. 그렇게 형성된 '역삼각형 트라우마'는 기자생활 내내 지속될 수밖에 없다. '종합적 진실' 같은 것에 대한 고민은 끼어들 틈이 없었다.

정형화된 기사 작성과 기계적인 균형도 이와 비슷한 맥락에 위치한다. 정형화된 기사는 기존 틀에 몇 가지 팩트와 인터뷰를 끼워 넣으면 완성된다. 앞서 언급한 '7문장+2인터뷰'의 도식이면 충분하다. 그리고 갈등 사안일 경우 양쪽 입장을 정확하게 반반씩 반영하고, 리드에도 '논란' '대립'의 표현을 사용함으로써 기계적 균형을 유지한다. 1988년 1노3김이 출마한 13대 대선에서 신문사들은 후보들의 유세내용을 보도할 때 각각에 대한 보도량을 1cm 단위까지 자로 재 무조건 똑같이 만들기도 했다. 기계적 또는 양적 균형은 시비를 가려야 할 사안에 대해서도 양비(兩非), 양시(兩是)적 입장을 취해 대립과 혼란을 재생산하기도 한다.

사실 확인이 되지 않은 취재원의 발언을 그대로 인용 보도하거나 뉴스 제목에 직접 인용부호를 사용하는 '따옴표 저널리즘'은 교묘한 오보 또는 왜곡보도를 낳는 온상으로 지목되고 있다. 그렇게 하는 이유는 언론사가 사실여부와 상관없이 그 말을 꼭 하고 싶기 때문이다. 그러다 오보 시비가 발생하면 따옴표 뒤에 숨으려는 것이다. '눈 가리고 아웅'의 행태인데 요즘은 언론중재위나 법원에서 이전만큼 통하지 않는다고 한다. 심지어 기사에는 없는 문구가 따옴표를 사용한 제목으로 뽑히고 있다는 분석(이준웅 등, 2007)마저 나와 있다. 4개 종합일간지의 2006년 5

월 지방선거 보도 448건의 제목을 분석한 결과에 따르면 제목에 직접 인용된 글이 기사 본문에 없는 경우가 전체의 60%에 이르는 것으로 나타났다. 또 직접 인용 제목 가운데 38%가 익명의 정보원을 인용한 구절에서 따온 것으로 밝혀졌다. 이 연구에서 심층인터뷰에 응한 기자들은 직접 인용문이 제목에 등장하는 이유는 책임회피 의도와 언론의 선정주의가 작용했기 때문이며, 직접 인용문의 빈번한 사용에 대해 신문사 내부에서는 별다른 자각이 없다고 대답했다.

다른 연구(남재일, 2006)에서도 전국 기자 303명 가운데 24.4%가 취재원을 익명으로 보도하면서 취재원의 견해를 자신의 견해인 것처럼 인용한 경험이 있다고 응답해 익명 취재원의 발언이 왜곡 혹은 조작될 가능성이 있음을 실증적으로 보여주었다. 이들 연구 이후 적지 않은 시간이 흘렀지만, 이와 관련한 언론사와 기자들의 윤리의식이 획기적으로 개선됐다는 신호는 눈에 띄지 않고 있다. 온라인에서는 오히려 더 기승을 부리고 있다는 게 중론이다.

회사 내부의 마감시간 등에 쫓겨 중요한 팩트를 제대로 확인하지 않거나 간접적으로 알게 된 사실을 확인하지 않은 채 그대로 보도하는 부실 취재 역시 오보와 왜곡보도를 낳는 온상이다. 6개 종합일간지 기자와 차장, 부장 등 24명을 대상으로 사실 확인 관행에 대한 심층인터뷰를 진행한 연구(김창숙, 2019)는 한국 신문의 사실 확인 과정은 진실 확인과는 거리가 멀었으며, 확인의 핵심인 적극적인 검증은 이뤄지지 않았다고 주장했다. 연구에 따르면 기자들의 사실 확인 행위는 논조(야마)에 부합하는 사실을 취재를 통해 수집, 선별해 전략적이고 형식적인 객관적 글쓰기를 통해 표현하기 위한 것이었다. 차장과 부장 등 데스크 차원의 사실 확인 역시 기자가 쓴 사실을 검증하는 것이 아니라 사실이라는 전제를 바탕으로 기사의 논조를 보다 강화하는 통과의례적인 행위였다.

최근 20년간 언론진흥재단이 실시한 설문조사를 바탕으로 기자들의 인식 변화(남재일 등, 2017)를 살펴보면 정확성, 중립성과 같은 전통적 저널리즘 가치의 중요성은 약화되고 사회 정의를 중시하는 주창 저널리즘에 대한 강조가 두드러지게 나타나고 있다. 주창 저널리즘이란 보도를 어떤 가치나 이념을 고양하기 위한 수단으로 여기는 개념이다. 그 동안 기성 언론 울타리 밖에서 '1인 기자'나 블로거들이 온라인을 중심으로 주도했던 흐름이었는데 이제는 담을 넘은 양상이다. 기자들의 이런 의식은 한국 언론의 정파성, 진영논리와도 상관관계가 있다고 여겨진다. 이때 중요한 것은 사실에 대한 확인이 아니라 취재된 내용이 기사의 목적에 맞느냐 맞지 않느냐가 된다. 필자의 직간접 경험에 비추어 보면 오보에 따른 상대의 강력 반발이나 법적 소송에 휘말릴 가능성이 있을 경우 주춤거리기도 하지만, 저항할 힘이 없다고 판단하면 일부 내용이 미심쩍더라도 그대로 보도하는 사례가 있었다. 강한 상대에게 약하고, 만만한 상대에게 강한 태도라고 할 수 있다.

무주체 피동형 기사 역시 사실을 숨기고 왜곡하거나 크고 작은 오보를 낳으면서 기사의 질을 떨어뜨리는 흔한 관행이다. 신문과 방송을 막론하고 뉴스에서 자주 볼 수 있는 '~인 것으로 판단된다', '~고 알려졌다' 혹은 '~로 이해된다' 처럼 주체가 모호한 문체가 문제이다. 누가 그렇게 판단하고 이해했다는 것인지, 알려졌다는 것의 정확한 의미가 무엇인지 책임 소재와 초점이 모호하다. 이는 기자가 사실관계에 자신이 없더라도 하고 싶은 이야기, 해야 할 이야기를 부담 없이 기사화할 수 있게 하는 일종의 방어벽이다. 자기 의견을 강화하거나 의견 또는 사실 확인이 되지 않은 정보를 은밀하게 기사에 포함시키는 수단으로 활용되는 것이다. 어떤 학자는 피동형 문체가 군부 독재 시절 주로 정치권력을 미화하기 위해 만들어졌다고 분석했다. 이 말이 맞다면 당시 언론인들이 이런저런 압력에 의해 독재를 미화하는 기사를 쓰면서도 내심은 부끄러웠기 때문이었을 것이라고 배경을 추측해 본다.

셋째, 언론사 조직 차원의 관행을 살펴볼 차례인데 언론사 내부, 즉 대내 관행부터 알아보겠다. 언론사에는 뉴스 생산과정에서 나름대로 축적한 규칙과 유형화한 관행이 있으며, 언론사마다 일부 차이를 나타내기도 한다. 조직 차원의 관행이 작동하고 있는 대표적인 예가 이념적, 정파적 보도 프레임이다. 개별 기자의 이념은 그만큼 획일적이지 않다고 보는 게 상식적임에도 불구하고, 기사를 통해 언론의 이념성이 강하게 표출되는 것은 그만큼 강력한 조직적 관행의 통제가 작용하고 있기 때문으로 분석할 수 있다.

우선 꼽을 수 있는 내부 관행은 게이트키핑이다. 우리는 뉴스 영향요인을 들여다보면서 미디어의 뉴스 가공이 가짜뉴스, 가짜세상으로 이어지는 흐름을 다룬 바 있다. 그 가공 과정 가운데 1단계가 게이트키핑이었다. 세상에서 발생하는 무수한 사건 중에서 기사화할 것을 가려내는 작업이다. 따라서 여기에 투영되는 가장 기본적이면서 중요한 기준은 언론사의 이념적, 정파적 입장과 상업적 이해가 될 수밖에 없다. 기자들은 자기가 주도적으로 판단하고 기사를 쓴다고 생각하지만 실제로는 데스크나 조직의 게이트키핑에 따라 기사를 써야하는 경우가 많고, 경력이 쌓일수록 이 관행이 자연스럽게 느껴진다. 내면화된 조직의 게이트키핑 기준을 초보적 취재 단계에서부터 고려하게 된다. 데스크는 뭐라고 할까, 회사의 입장이 무엇일까를 먼저 떠올리는 것이다. 보수신문 내 진보적 성향의 기자나 진보신문 내 보수적 성향의 기자들 모두 자신들의 이념적 관점에 따라 기사를 쓰지 못하고 조직 이념과 타협하는 과정을 거치고, 상당수는 조직의 요구에 따라 뉴스를 생산하고 있다는 연구(김재선, 2014)도 나와 있다. 게이트키핑과 동시에 진행되는 의제설정과 프레이밍 과정 역시 비슷한 현실을 만들고 있다.

언론사 특유의 도제식(徒弟式) 교육방식은 조직의 취재 및 보도 관행을 기자들에게 체화시키는 매우 효과적인 과정이다. 도제식이란 중세 유럽에서 기원한 것으로, 어렸을 때부터 스승의 문하에 들어가 절대 복종의 위계 속에서 먹고 자며 필요한 기술을 익히는 방식을 말한다. 언론계의 도제는 수습기자와 선배의 관계를 말하며, 수습은 선배들로부터 그야말로 모든 것을 일방적으로 전수 받는다. 취재방식, 기사작성, 취재원 관리 등 언론사 조직과 취재현장에서 요구되는 기술과 요령을 배운다. 그 과정에서 모욕에 가까운 말도 엄청 듣고 자존감은 바닥으로 떨어진다. 요즘은 많이 달라졌다고 믿지만, 필자는 수습기자 시절 데스크와 선배들의 욕 때문에 처음 몇 달 간 아침마다 "오늘 또 당하면 꼭 그만두리라"고 다짐을 했었다. 이런 과정이 반복되면서 조직과 기자 차원의 관행들이 나도 모르게 스며들어 '나의 것'이 되어간다. 그리고 일단 적응하면 편안해진다.

언론과 언론사 조직이 선진화하려면 도제식 교육 방법부터 바꿔야 한다는 지적이 학계 등에서 나온 지는 이미 오래다. 저널리즘의 원칙과 의미 등 기본부터 생각하고, 현장 윤리도 따져볼 수 있는 안목을 갖춘 기자들을 육성하는 교육시스템 운영이 시급하다는 것이다. 전적으로 동의한다. 그렇게 배출된 기자들이 늘어나야만 지금 다루고 있는 관행들과 파행적 보도의 문제도 조금씩 개선될 수 있다고 믿는다.

도제식 교육의 또 한 가지 폐해는 기자의 전문성 배양을 억제한다는 점이다. 이는 주로 기술적 측면에 중점을 둔 반복 훈련이어서 전문성과 깊이를 더하는 데는 한계가 명확하다. 신입기자들은 치열한 경쟁을 뚫고 입사하는 엘리트 그룹이지만 몇 년 지나면 특정 분야에 대한 전문성은 물론 체력적, 정신적, 지적 고갈을 느끼는 경우가 적지 않다. 이런 내면의 상태에서 깊이와 시야를 겸비한 좋은 기사를 생산해내기는 어렵다. 결국 관행에 의지한 반복적인 작업을 수행하게 되는 것이다. 필자 역시 비슷한 경험을 했다. 10년쯤 지났을 때 문득 "이렇게 소모적으로 살다가 또 10년이 지났을 때는 머리와 몸이 깡통이 돼있지 않을까"라는 위기감을 느꼈었다. 그렇다고 직업인으로서 달리 어쩔 수도 없었다. 늦깎이 공부를 한 것은 그로부터 17년 뒤였다.

언론사의 권위주의적 문화는 조직의 목표와 이익을 일사불란하게 실현시키는 수단으로 작동하고 있다는 비판을 받는다. 관행도 이런 문화 속에서 용이하게 관철되고 재생산된다. 신문사의 경우, 철저한 위계형 문화와 인간관계를 중요시하는 공동체형 문화의 특성이 매우 강한 반면 혁신 지향적인 유기체형 문화와 목표 달성과 보상에 입각한 시장형 문화의 특성은 취약하다는 연구 결과(정재민, 2009)가 있다. 방송도 이와 크게 다르지 않다. 특히 언론계의 만성화된 경영위기로 인한 인원 감축 등 여파로 문화의 경직성이 더 강해지고 있다는 분석이다. 이 연장선에서 언론사 구성원들이 외부 사회와 소통하기보다는 주로 자기 자신, 소속사 조직 또는 언론계 내에서의 정보와 평가에 의존해 생각하고 판단하고 있으며, 이로 인해 사회 변화와 동떨어진 우월적 선민의식, 특권 의식, 면죄부 의식 등을 성찰 없이 유지하고 동원하는 경향을 보인다는 최근의 연구(이오현, 2019)가 있다. 이는 자사와 관련된 사안이 있거나 논조가 다른 언론사와 갈등이 발생할 경우 기자들이 무조건 소속사의 입장에서만 생각하고 보도하는 '자사 이기주의' 관행으로 연결되기도 한다. 권위주의적 문화는 결과적으로 과장 및 선정적 기사, 왜곡기사, 진부하고 설득력 없는 기사, 독자가 아닌 생산자 중심 기사, 정확성·전문성·심층성이 부족한 기사 등의 생산을 견인하는 바탕이 된다.

대형사건 보도는 지금까지 언급된 온갖 부정적 관행들이 거의 한꺼번에 섞이는 용광로라고 보면 된다. 대형사건이 터지면 언론사들은 설렘과 위기감을 동시에 느낀다. 이를 통해 자사의 역량을 과시해보자는 의욕과 삐끗하면 살벌한 경쟁에서 밀려 망신을 당할 수 있다는 두려움이 교차한다. 때문에 최대한 많은 기자들을 투입하고, 동원 가능한 모든 수단과 방법을 마다하지 않는다.

이 과정에서 사실을 확대·과장 또는 축소하는 '냄비 저널리즘'과 기사의 획일화와 부실화, 이에 따른 신뢰도 추락이 일어난다. 멀리 갈 것도 없이 2014년 세월호 사건과 2016년 박근혜 전 대통령 탄핵사태에 대한 보도에서 빚어진 혼란을 떠올리면 바로 고개가 끄덕여진다. 이때 나타나는 언론사들 간 속보와 보도 량

경쟁은 이러한 부작용을 극단으로 치닫게 한다. 그러다가 수용자들의 관심이 시들해진다 싶으면 언제 그랬냐는 듯이 무심해지면서 정작 써야 할 후속기사를 소홀히 하는 경우를 볼 수 있다.

또 한 가지 사례를 들어보겠다. 대형 사건은 아니었지만, 순간 파급력은 그에 버금갔다. 다수의 주류 언론사들이 도망칠 구멍 없이 단체 망신을 당한 사건이 2015년 6월의 이른바 '천재소녀' 오보였다. 미국 하버드대와 스탠퍼드대를 동시 입학했다는 김모 양의 거짓말을 주류 언론들이 확인취재를 하지 않고 그대로 받아써 무더기 오보를 냈다. <미주 중앙일보>는 6월3일자 2면에 "하버드대와 스탠퍼드대가 입학해 달라고 구애하고, 페이스북 창업자 마크 저커버그가 도와 달라고 요청한 한국 소녀가 있다"며 "지난해 말 하버드대에 조기 합격한 김양은 이후 스탠퍼드대, MIT 등 최고 명문대에 잇따라 합격했고, 하버드대와 스탠퍼드대는 김양에게 공평하게 다녀보고 졸업대학을 결정해 달라는 제안을 했다"고 보도했다. 이후 <연합뉴스>와 <뉴시스> 등 통신사들이 그대로 보도했고, 6월4일에는 <국민일보>, <동아일보>, <조선일보>, <중앙일보> 등이 같은 내용을 보도했다. 이어 <경향신문>이 확인취재를 통해 거짓말을 밝혀내자 줄줄이 사과문을 게재했다.

언론사들은 내부 논의나 암묵적인 관행을 통해 특정 사안에 대한 보도를 일부러 포기하기도 한다. 앞에서도 언급한 무보도 관행이다. 무보도는 '이미 공론화 되어있고 대중들이 충분히 자기의 문제로 여기고 민감하게 반응할 수 있는 사안을 생략하거나 누락하는 보도행위를 통해 사회적 의제를 회피하게 만드는 경우'로 정의된다. 퍼뜩 떠오르는 익숙한 장면이 있을 것이다. 언론의 이념 또는 정파성은 무보도의 주요 산실(産室)이다. 보수와 진보, 좌와 우의 생각이 대립하는 이슈가 발생하면 한쪽 언론은 비중 있게 보도하는데 다른 쪽에서는 아예 볼 수 없거나 1단 기사로 구석에 처박혀 있는 경우를 목도하는 것은 어렵지 않다. 구체적인 케이스는 불필요한 논란을 일으킬 수 있다는 점에서 언급하지 않겠지만, 어느 쪽이든 마땅히 보도해야 할 내용을 하지 않은 것은 있는 사실을 없는 것처럼 가려버린 것이기 때문에 허위보도를 한 것이나 다름이 없다.

　　'가차(gotcha) 저널리즘'은 정치인의 언행실수를 꼬투리 잡아 지나치게 확대 재생산하는 보도이다. 가차는 영어로 '잡았다!'라는 의미이다. 이런 보도 관행은 언론사의 정파성과 상업성이 선정성 등에 주목한 게이트키핑과 결합하면서 만들어지는 것으로 볼 수 있다. 정치인의 추문과 해프닝은 언론이 제일 좋아하는 먹잇감 중 하나다. 정치인은 공인으로서 저명성(celebrity)을 가졌기에 그들의 일탈 언행은 관심과 흥미를 끌기에 충분하다. 게다가 언론사 반대쪽의 정치노선을 가졌다면 금상첨화다. 사정없이 물어뜯을 수 있는 최적의 조건이다. 하지만 기사의 품격은 대개 바닥을 긴다. 선정적이고 사소하며 감정적인 내용으로 채워지기 때문이다. 이는 진지한 저널리즘이 아니다. 물론 수용자들의 입맛이 그런 기사를 갈구하는 현실도 한 원인이지만, 언론이 먼저 자제할 필요가 있다. 정치인은 실력과 성과로 평가하는 게 모두를 위한 길이다. 가차저널리즘은 언론의 이념과잉과 상업주의가 낳은 또 다른 그늘이자 '꼬리가 몸통을 흔드는' 비정상적 현상이다.

넷째, 미디어의 대외 차원에서 이뤄지는 관행은 언론인과 언론사 조직이 취재원이나 기관, 출입처, 광고주 등과 가진 관계 속에서 드러나는 것들이다.

출입처는 기자가 상주하거나 정기적으로 방문해 정보를 규칙적으로 얻는 곳으로, 보도자료를 제공하거나 브리핑을 실시하는 정부와 정당, 대기업, 각종 단체 등이 해당된다. 정치, 경제, 사회, 문화, 체육 등 주요 분야의 힘 있는 곳, 그래서 굵직한 뉴스가 자주 나오는 곳이 출입처라고 보면 된다. 그런데 기자가 한 곳에

1년 이상 출입하게 되면 관계자들과 정서적, 업무적으로 가까워진다. 기자와 취재원의 유착이다. 그렇게 되면 출입처 편향의 기사, 획일적 기사, 정보의 유통 왜곡 등 부작용이 생길 수 있다. 많은 기자들이 출입처 사람들과 불가근불가원(不可近不可遠)의 거리를 유지하려고 노력하지만, 무너지는 사례가 적지 않다. 또 권력기관 출입처를 중심으로 인사와 민원청탁 등 부적절한 주고받음이 이뤄지기도 한다.

보도 후 항의를 막으려고 기계적 균형을 맞추는 '물타기 관행'도 있다. 한 중앙일간지 정치부장이 2002년 대선 당시 작성한 '데스크 일기'를 분석했더니 회사 차원에서 사실상 지지하는 후보에게 우호적인 기사를 보도한 뒤 상대 후보 측 반발에 대한 사전 무마 또는 사후 방어를 위해 보도된 기사의 양만큼 상대를 후보를 다루는 기사를 내보내는 이른바 '그림자 기사' 유형이 발견됐다는 연구결과(박재영, 2005)가 보고됐다. 이와는 반대로 정파적 언론이 적대적 관계인 정치세력 또는 후보에게 유리한 보도를 했을 경우 이를 상쇄하기 위한 다른 이슈를 등장시키는 패턴이 발견됐다는 연구(장금미, 2016)도 있다.

'레드오션'이 된 언론시장의 사활적 경쟁에 비례해 언론과 광고주 또는 기업의 유착이 노골화된다는 지적이 나온 것은 어제

오늘의 일이 아니다. 광고주에 대한 비판 보도를 회피하거나 이미 보도된 기사를 광고를 대가로 빼주는 정도는 생존을 위한 불가피한 행동으로 사내에서는 이해되는 분위기이다.

선정적 보도는 상업주의와 동전의 앞뒷면과 같은 관계라고 볼 수 있다. 이는 수용자의 시선을 끌어 구독률, 시청률을 높이는 수단으로 자리 잡았다. 언론은 시장의 주목을 받기위해 유익한 정보보다는 흥미로운 뉴스를 우선하며 이는 필연적으로 질 낮은 뉴스와 왜곡, 과장을 동반하게 된다. 다음 장에서 다룰 '조직 내부'의 뉴스영향 요인에서 자본의 압력과 언론사 상업주의에 대해 자세히 다룰 것이므로 이 문제는 이쯤에서 줄이겠다.

우리는 이제야 5개로 구성된 뉴스에 대한 영향요인 동심원에서 겨우 두 번째인 '미디어 관행' 부분을 끝냈다. 느낌이 어떤가? 이렇게 수많은 관행들이 다분히 뉴스 왜곡요인이 되고, 비판을 받고 있음에도 뉴스는 보도되고 여론이 형성되고 일상이 유지되는 것이 신기하지 않은가? 물론 관행이 모두 부정적인 기능만 하는 것은 아니다. 바쁘고 복잡한 상황에서 취재와 기사작성을 효율적으로 진행할 수 있도록 도와주는 역할도 있다. 그래도 많은 기자들이 관행의 타성에 젖지 않으려고 애쓰고 있음도 알아줘야 한다.

하지만 우리는 항상 의심해야 한다. 보고 있는 뉴스가 관행의 함정에 빠져 오염됐을 가능성을. 왜냐하면 관행은 결코 우연적 산물이 아니기 때문이다. 배후에는 그것을 작동하는 '구조'가 도사리고 있다.

여기서의 구조는 '전체를 이루고 있는 얼개'라는 국어사전적 의미이다. 얼개가 바뀌거나 무너지면 조직이든 건축물이든 지탱할 수 없다. 전체를 구성하는 어떤 부분도 구조와 따로 떼어놓고 생각할 수 없다. 구조에 의해 규정되며 조건화되는 대상이다. 언론사를 지탱하는 얼개, 즉 구조는 상업주의와 정파성이다. 언론은 이 두 가지를 이미 살펴본 현장의 관행을 통해 구현한다. 유감스럽게도 이것이 한국 언론의 생존방식이다. 필자는 이와 같은 현실을 아래의 그림으로 정리해보았다.

오른쪽 그림의 맨 아래에는 배후 또는 토대에 해당하는 상업주의와 정파성이라는 구조가 자리 잡고 있다. 이것은 단순한 첫 번째 단계가 아니다. 이후 과정과 결과를 모두 지배하는, 결정적인 덩어리이다. 현장에서 실행되는 관행은 여러 가지 이름으로 불리며 조금씩 다른 기능을 하지만, 전체가 바라보고 있는 것은 상업주의와 정파성이다. 표로 정리된 35개 관행이 그렇다는 뜻이다.

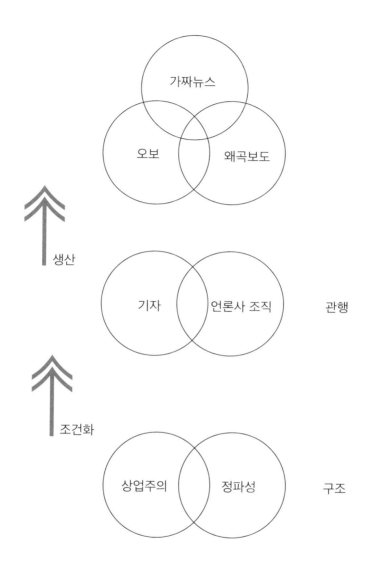

모든 관행은 이 둘을 구현하는 수단이며, 관행의 구체적인 모습도 이에 의해 조건화된다. 조건화란 상위의 조건 또는 자극에 따라 형태나 행동이 달라지는 것을 말한다.

구조의 영향과 상호작용에 따라 형성된 이들 관행은 일부 긍정적 역할에도 불구하고 오보와 왜곡보도, 심지어는 가짜뉴스를 만들어내는 토대가 된다. 아울러 세 층위를 구성하는 상업주의와 정파성, 기자와 언론사 조직의 관행, 오보·왜곡보도·가짜뉴스는 각각의 층위 안에서 따로따로가 아니라 앞의 그림에서 보듯이 교집합을 형성하고 있는 상호적 관계이다.

시장의 포로

한국 언론의 뉴스 생산과정에서 관행이 어디쯤 위치하고 있는지를 설명하다가 말이 길어졌다. 다시 돌아와 진도를 나가겠다.

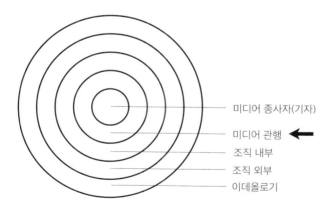

Shoemaker & Reese(1996) Mediating the message : Theories of influence on mass media content New York: Longman

앞의 그림을 기억할 것이다. 우리가 어디까지 왔는지 헷갈리지 모르겠다는 생각에 또 가져왔다. 슈메이커와 리즈가 뉴스생산 영향요인을 정리한 위계의 동심원 모델이다. 이 모형은 미디어 종사자(취재 기자), 미디어 관행(언론사 차원의 뉴스제작 메커니즘), 조직 내부(상업성을 추구하는 언론사의 지원)와 조직 외부(언론사와 외부의 권력 또는 이념의 상호작용 결과로서의 정파성에 따른 특정 정치집단에 대한 선호 또는 거부감), 그리고 이데올로기(사회적 통념, 헌법적 가치)로 구성돼 있다. 지금부터는 굵은 화살표가 가리키고 있는 조직 내부의 영향을 다룰 것이다. 이것은 상업주의에 관한 것이다. 매우 근본적이고 중요한 부분이다. 언론이 지탄받고 있는 온갖 현상적 문제들의 연원을 거슬러 올라가면 대부분 상업주의와 만난다. 상업주의는 필자의 그림에 나오는 구조의 또 다른 구성요인인 정파성보다 더 힘이 센 놈이다. 먹고사는 문제보다 더 절박한 게 어디 있을까?

국내 언론은 절대 다수가 사기업이다. 이윤을 창출하지 못하면 조직의 존립이 불가능한 기업이다. 모든 신문이 그렇고, 방송은 KBS를 제외한 모든 방송이 그렇다. MBC는 사실상 정부가 소유하고 있는데 광고가 주 수입원이니 뭐라고 해야 할지 모르겠다. 공영방송이라는 KBS2도 광고를 하고 있으니 기형적이기는 마찬가지이다. 자본주의 사회에서 언론이 사기업인 게 무슨 문제냐고 물을 수 있다. 법적으로 문제될 건 없다. 도덕적으로도 그렇다. 하지만 꺼림칙한 게 있다. 언론은 제조업처럼 공산품을 생산하는 기업이 아니다. 언론이 만들어내는 것은 콘텐츠이다. 콘텐츠에는 보도와 대중문화 아이템이 포함된다. 이것이 공산품과 다른 것은 그냥 소비하고 버리는 물건이 아니라 소비자들의 정신에 영향을 미친다는 점이다. 언론은 이윤도 중요하지만, 이 지점을 진지하게 생각해야 하는 묘한 업종이다. 생산품에 정신적, 규범적 가치가 없어지는 유일한 종목일 것이다. 그저 장식품이라는 지적을 받지만 언론사마다 빠짐없이 윤리강령을 채택하고 있는 것도 그래서이다. 언론학이라는 학문도 그런 구석이 있다. 다른 사회과학은 대상을 객관적으로 관찰한 뒤 측정 결과를 분석해 결론을 내면 거기서 끝이지만, 언론학은 그 결론을 놓고 윤리적 평가를 덧붙이는 경우가 잦다.

어쨌든 언론사는 이윤과 공익이라는 두 가지 가치를 어떻게 조화할 것인가를 항상 고민해야 한다. 둘이 사이좋게 함께 가면 더할 나위 없겠지만, 현실은 그렇지 않다고 여러분은 느낄 것이다. 학자들의 시각도 그렇고, 필자도 언론계 바깥으로 나온 뒤 마찬가지 생각을 갖게 됐다. 언론이 상업주의에 매몰돼 또 하나의 숙명적 본령인 저널리즘의 가치를 훼손하고 있다는 비판은 더 이상 낯설지 않다. 대충 이런 그림이 그려지지 않을까 싶다.

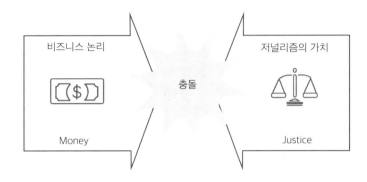

저널리즘 가치와 정의(justice)를 한 편으로 묶어놓으니 '돈=불의(不義)'라는 뜻으로 오해될까 걱정되는데, 언론사의 이윤추구가 본질적인 잘못이라는 이야기는 결코 아니다. 지적하려는 것은 경영난을 이유로 상업주의에 과하게 경도되는 현상이다. 실제로 언론환경 격변과 강한 시장압력에 직면한 한국 언론은 생존을 명분으로 자사 이기주의를 앞세운 제작풍조를 당연시하고 있다. 시장경쟁이 치열해지자 주어진 자유를 상업적 이윤을 극대화하려는 쪽으로 남용하고 있다는 비판을 받는다. 이에 따른 결과는 저널리즘의 객관성과 공정성, 전문직주의의 가치의 훼손이며, 언론 신뢰도의 지속적 하락이다.

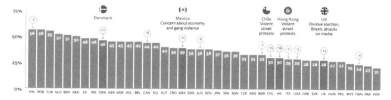

　　위의 그래프는 영국 옥스퍼드대학교 부설 <로이터 저널리즘연구소>가 2020년 6월 공개한 '디지털뉴스리포트 2020'을 정리한 것이다. 이에 따르면 한국인들의 뉴스 신뢰도는 21%로 조사 대상 40개국 중 40위로 나타났다. 우리나라에서는 각 국가별로 진행한 이번 조사에 시민 2304명이 참여했다. 한국 언론은 2016년 해당 조사에 처음 포함됐고, 2017년부터 2020년까지 4년 연속 꼴찌를 기록하고 있다. 선진국 문턱에 있다고 공인받고 있는 한국의 언론신뢰도가 압도적으로 바닥을 기고 있는 것은 놀랍다. 물론 평가자의 주관이 개입됐을 수도 있다. 한국 사람들이 한국 언론을 평가했으니 우리만의 감수성이나 상황적 특수성 같은 것 말이다.

　　그렇다고 해도 4년 연속 이런 결과가 나온 것은 분명 심각한 문제가 있다는 뜻이다. 언론이 믿을만하다고 생각하는 사람이 10명 중 2명뿐이라니. 이런 상황을 부른 가장 큰 원인은 지금 우리가 다루고 있는 상업주의라고 필자는 생각한다. 상업주의는 정파성과 선정주의, 그리고 위에서 자세히 살핀 부적절한 언론 관행을 파생시키는 '빅브라더(big brother)'이다. "모든 길은 로마로 통한다"는 말이 있듯이 대부분의 문제는 돈 때문에 발생한다.

이 대목에서 잠시 언론 쪽 입장을 들어보겠다. 무조건 시선을 끌고 잘 팔리는 상품을 만들어야 오너는 돈을 벌고 조직은 유지될 수 있으니 어쩔 수 없지 않느냐는 항변이 있을 수 있다. 시장의 요구가 그러니 기업은 부응해야 한다는 논리도 이해의 여지가 있다. 사실 시장의 취향에도 문제가 있다. 정파적이고 자극적인 내용, 자기의 생각과 일치하는 논조를 담고 있어야 좋은 콘텐츠라고 생각하는 대중의 뒤틀린 기호는 상업주의를 가속화시키는 압력요인이다. 그 부분은 '대중 편'에서 요모조모 낱낱이 들여다보겠다. 언론도 이처럼 할 말이 없는 게 아니다. 그럼에도 불구하고, 소금이 짠맛을 잃으면 쓸모가 없어지듯이 언론은 이윤에 쏠릴수록 제 맛이 사라지고 설자리도 군색해진다.

다시 언론의 상업주의로 돌아와서, 언론사들은 경영상 어려움으로 인한 사주나 경영진의 편집권 관여, 외부 광고주나 이익단체의 압력에 상시 노출돼 있다. 저널리즘 가치 구현보다는 조직의 생존에 대한 관심이 커지고 있기 때문이다. 신문사와 언론사의 관계를 자원의존 이론의 토대 위에서 분석한 연구(배정근, 2010)는 1998년 외환위기 이후 국내 신문시장이 '자원축소기'에 접어들면서 자원의 통제권한이 기업을 중심으로 한 광고주에게 넘어갔고, 동시에 광고주의 영향력이 극대화됐다고 분석했다. 다수의 신문사가 광고와 보도를 적극적으로 연계하면서 공정보도, 자율보도를 위한 편집권이 잠식당하는 경향이 나타나고 있다는 것이다. 편집국 또는 보도국에서 편집과 경영의 경계가 무너진 것도 이 흐름에서 이해할 수 있다. 광고수입을 위한 기사의 게재와 삭제, 수정 등 데스크와 기자의 고유 권한이라고 여겨졌던 영역에 대한 간섭을 당연히 받아들여야 하는 분위기가 강해지고 있다.

2000년대 디지털 미디어 성장에 따른 시장축소와 경영악화가 특히 심한 신문의 경우 편집국 간부들 사이에는 회사 존립을 위해 외부 압력을 일정 부분 수용할 수밖에 없다는 현실론이 확산되고 있다는 연구(이충재·김정기, 2015)도 있다. 전·현직 편집국장들 대상 심층인터뷰를 진행한 이 연구에서 대상자들은 스스로를 '경영진 압력과 신문의 사회적 감시라는 역할 사이에서 아슬아슬하게 줄타기하는 존재'로 규정하기도 했다. 1990년대까지는 편집국장이나 보도국장은 정치부장 출신이 가장 많았고 다음이 사회부장, 경제부장 순이었는데 2000년대 이후에는 경제부장 또는 산업부장 출신이 눈에 띄게 늘었다. 이 역시 언론사의 수익 우선의 운영기조를 보여주는 현상이다. 전에는 권력기관, 특히 정권과의 관계가 존립과 성장의 1차 관건이었다면 이제는 광고유치를 중심으로 수입을 늘리는 일이 화급하다는 뜻이다. 주요 일간지들의 보도를 분석한 결과, 광고를 많이 발주한 기업일수록 해당 기업에 대한 기사 량이 많고, 기사들도 긍정적이라는 사실(임봉수·이완수 등, 2014)은 기사가 광고에 '오염'되고 있음을 실증적으로 보여준다. 또 특정기업에 대한 사회적 비판이 쏟아지는 시기에도 기사의 제목은 비판적으로 가지만, 본문에서는 비판보다는 기업의 입장을 두둔하는 '은밀한 균형전략'을 구사하는 경우도 있다. 이는 정치권력에 대한 보도에도 흔히 동원되는 기술이다. 여론이 나쁘니 헤드라인에서는 공격을 하는 척 하지만, 내용을 들여다보면 꼭 그렇지도 않은 애매모호한 태도를 취한다. 기업이든 권력이든 그들이 갖고 있는 힘을 의식한 언론의 이중적 스탠스라고 할 수 있다. 이를 통해 바라는 것은 그들과의 '거래관계' 지속이다. 비판해야 마땅한 행태이지만, 언론사도 살아남아야 하니 마냥 욕을 해댈 수만도 없는 딱한 현실이다.

상업주의를 논할 때 빠뜨릴 없는 요소가 정파성이다. 언론의 정파성은 상업화와 밀접하게 연결돼 있다. 신문의 정파적 보도가 시장지향적 저널리즘과 상관성이 높다는 현직 기자들의 인식을 확인한 연구(정동우, 2010)가 이미 오래 전에 나왔다. 정파성도 결국은 상업적 의도를 포장한 것임을 시사한다.

정치과잉, 이념과잉 양상을 보이고 있는 국내 언론시장 지형을 감안할 때 어차피 모두에게 환영받는 보도를 생산하는 것은 불가능하다. 현실적으로 권력과의 관계가 조율되거나 분명하지 않으면 시장경쟁에서 살아남기 어렵다. 그렇다면 확실한 타깃을 설정해 시장을 공략하는 게 효율적이다. 언론의 정파성은 이에 따른 전략적 선택의 결과라고 볼 수 있다. 민주화 이전에는 어느 정당이 집권하느냐에 따라 언론사와 언론인들의 정치 명운뿐 아니라 경제 성패까지 갈리는 경우가 적지 않았다. 이때도 정파적 입장은 경제 문제와 직결됐던 셈이다. 어제도, 오늘도 종착점에는 늘 상업주의가 있다.

정파성이 결합된 상업화 전략이 낳은 자사 이기주의와 선정주의 보도의 만성화는 저널리즘 전체의 '해석 권위'를 잠식해 언론의 공신력을 떨어뜨리는 요인(김경모·신의경, 2013)이다. 해석 권위란 사회적 이슈에 대해 정의를 내리고 분석하고 전망을 내놓는 기능과 권리를 말하는데 언론 신뢰도가 워낙 추락하다 보니 해석 권위 역시 예전과 비교할 바가 아니다. 특히 정치적 사안의 경우 사람들은 언론의 논조를 순수하게 받아들이지 않는다. 무슨 정파적 목적이 깔려 있을 것이라며 색안경을 끼고 본다. 다 언론의 자업자득이다. 여야가 첨예하게 맞서는 이슈가 등장하면 보수와 진보 언론이 기다렸다는 듯이 갈라져 편을 먹고 정당보다 더 지독하게 싸우니 당연한 것이다. 한쪽에서 크게 보도한 내용이 다른 한쪽에서는 전혀 보이지 않는, 이념 언론들의 보도행태는 본령을 한참 벗어난 것으로 아무리 두들겨 맞아도 할 말이 없다. 정파보도도 짜증나는 마당에 언론끼리 상대방 보도를 향해 삿대질을 해대기도 한다. 점입가경(漸入佳境)이다. 품질경쟁 잘 하기도 바쁠 텐데 왜 남의 상품을 욕하나? 이건 제조업 등 다른 시장에서는 보기 어려운 현상이다. 창피한 줄 알아야 한다.

상업주의와 정파성의 결합이 전형적으로 드러난 현상 중 하나가 앞서 관행을 살피면서 언급했던 가차 저널리즘이다. 여기에는 한국사회의 정치과잉, 기자의 개별 정치인 선호와 조직의 뉴스제작 메커니즘, 상업성을 겨냥한 언론사의 지원과 정파성에 따른 특정 정당에 대한 거부감이 작용하고 있다. 그러면 각기 다른 진영에 속한 수용자들은 열광한다.

이런 보도방식을 확장하면 선정주의가 된다. 선정적 보도는 언제나 시장에서 환영받는다. 정치인의 정책이나 이슈보다 말실수, 해프닝, 사생활에 초점을 맞추는 것도 소비자 확보를 위한 선정보도의 한 종류이다. 다수의 연구자들은 언론의 상업주의 구조를 권력, 돈, 성(sex)의 관점에서 설명하는데 이들 3개 요인의 공통적인 속성이 선정성이다. 뉴스도 부정적이고, 일탈적이고, 폭력적이며 성적인 내용을 담은 것일수록 사람들의 관심을 끌어 수익을 올리는 데 유리하다. 일부 방송이 거의 일과시간 내내 살인과 성폭행과 같은 강력사건을 시시콜콜, 구석구석 들춰내며 중계방송을 하는 것도 그래서이다. 왜 저런 엽기적, 반사회적 내용까지 보도하는지, 우리가 저걸 왜 알아야 하는지 짜증이 나지만 시청률이 나온다니 어쩌겠나? 요즘엔 정치·시사 프로그램도 예능 비슷하게 진행된다. 패널들도 연예인처럼 각기 캐릭터가 설정돼 있다. 무조건 여와 야를 대변하며 싸워줘야 한다. 어중간한 논리는 설 자리가 없다. 가파른 싸움판이 만들어져야 보는 사람들이 좋아한단다. 패널들의 표현도 감정적이고 억지스럽다. 자기의 전문분야가 아닌데도 말에 거침이 없다. 혹자는 특정 정당에 충성심을 보이러 나왔다는 인상을 강하게 준다. 2010년 종합편성채널(종편)이 출현한 이후 두드러진 현상이다. 전문가들은 이를 '뉴스의 연성화(軟性化)'라로 부른다. 정보(information)와 오락(entertainment)의 합성어인 '인포테인먼트(infortainment)' 라는 용어도 있다. 왜 이렇게 하겠는가? 많은 사람들이 시사 현 안을 보다 쉽게 이해할 수 있도록 한다는 명목이지만, 결국 진지 한 문제를 희화화하고 싸움을 붙여 시청률 올리기를 위한 방편이 다. 종편은 대개 모기업인 유력 일간지의 이념성향을 따르고 있 고, 모기업의 경제적 이해와 연결된 상업적 요인으로부터 자유롭 지 못하다. 게다가 비교적 점잖게 방송을 했던 공중파 3사도 영 향을 받고 있다. 종편 포맷의 시사 프로그램이 자리 잡기 시작했 다. 시청자들의 반응이 확인된 데 따른 것이다. 시청률 앞에 장사 없는 법이다. "악화(惡貨)가 양화(良貨)를 구축(驅逐)한다"는 '그 레샴의 법칙'이 딱 맞아떨어지는 상황이다. 이와 함께 언론시장 이 플랫폼 중심으로 재편되면서 기사의 정확성보다 신속성이 숭 배되고 '아니면 말고'식 무책임한 기사와 '아니어도 괜찮으니' 같 은 자극적이고 선정적 기사들이 넘쳐나는 것은 최신판 상업주의 풍속도라고 할 수 있다. 언론은 너나 할 것 없이 시장으로, 시장 으로 달려 나가면서 공익의 가치를 저버리고 있다.

정파성과 이데올로기

다음은 뉴스생산 영향요인 동심원 중 네 번째 '조직 외부'에 대한 것이다. 이는 미디어를 중심으로 아래 그림과 같이 구성돼 있다. 이 가운데 경제적 환경과 광고주 및 수용자, 그리고 기업은 조직 내부의 목표와 결합한 상업주의를 설명하면서 다뤘으므로 여기서는 정부와 정당으로 상징되는 정치권력을 보겠다. 권력의 영향은 이와 연계된 언론의 정파성으로 구현된다.

언론의 정파성은 한국의 수용자들에게 아주 익숙하다. 유력하다는 신문은 보수와 진보, 좌우로 나뉜 지 오래고, 공영방송은 정권이 바뀌면 하던 말이 달라진다는 게 상식이 됐다. 언론 시장에서 정파가 다르다고 여겨지는 특정 언론에 대한 기피가 이렇게 심한 나라도 흔하지 않을 듯싶다. 한국 정치에서 언론은 더이상 매개자나 관찰자가 아니라 정당과 함께 뛰는 플레이어이다. 그러면서 자기들은 불편부당하며, 정론을 편다고 한다. 대선 등 큰 정치 이벤트에서 자기들이 지지하는 후보와 정당을 사설을 통해 분명히 밝히는 미국의 메이저 언론과 비교해보면 너무 군색하다. '군색하다'의 뜻은 '자연스럽고 떳떳하지 못하며 거북하다'라고 사전에 나와 있다. 정말 딱 맞는 묘사이다.

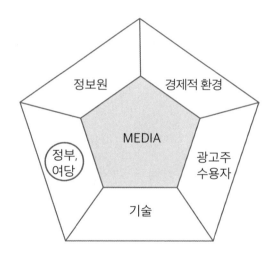

정파성이란 언론사의 정치적 이해에 따라 뉴스가 구성되는 경향을 말한다. 정파적 보도는 다양한 견해와 균형 잡힌 관점, 비

판적 시각을 반영하지 못하고 사안을 편협하게 왜곡하거나 정당한 부분을 무시함으로써 여론 양극화와 사회적 갈등을 증폭시킨다고 학자들은 지적한다. 우리의 현실에 그대로 반복되고 있다. 이것도 충성도 높은 수용자 집단과 교감하며 고객만족과 시장 확대를 지향하는 상업주의와 연결돼 있음을 바로 앞부분에서 짚은 바 있다.

한국 언론의 정파성이 두드러지기 시작한 것은 1987년 대통령 직선제 개헌과 민주화로 언론자유가 주어지면서부터라는 게 중론이다. 이전 권위주의 시대에는 언론이 친(親)정부 외에 뚜렷한 성향을 내보이는 것이 어려운 일이었다. 이후 언론은 새롭게 펼쳐진 무한 경쟁 속에서 살아남을 방법을 찾아야 했고, 그 중 하나가 이념이 일치하는 정당 또는 권력과의 동반관계 및 그것을 통한 고객 확보였다.

여기서 한 가지 짚어야 할 것은 언론의 정파성이 꼭 나쁜 것은 아니라는 점이다. 미국의 주요 언론도 각기 다른 정치지향을 갖고 있다. 언론이 정파성을 갖고 있다는 것 자체를 나무랄 수는 없다. 세상사에 완전한 중립, 완벽한 객관주의적 입장은 논리적으로 존재할지는 모르나, 현실에선 불가능하기 때문이다. 사람들의 가치관과 세계관에 차이가 있듯이 언론의 논조도 그럴 수밖에 없다. 따라서 언론의 정파성은 기본적으로 자연스러운 현상이라고 할 수 있다. 공영 방송과 같은 특수한 매체 형식을 제외하면 말이다. 정치적 다원주의(pluralism)가 잘 정착되어 있는 사회라면 언론이 저마다 정치적 입장을 갖고 자유롭게 경쟁하는 것은 구성원들의 다양한 생각이 최대한 표현되고 반영되는 통로의 보장이라는 의미에서 바람직하다. 언론사는 정치 이슈가 발생할 경우 어떤 부분을 어떤 비중으로 보도할 것인가와 거기에 포함된 팩트와 사실관계 중 어디에 더 초점을 맞출까를 고민할 수밖에 없다. 이는 정당한 정파성의 범위에 해당된다고 볼 수 있다.

필자가 따지고 싶은 문제는 정파성의 정도와 구현방법이다. 최진호·한동섭(2012)은 한국 언론의 정파성이 비판받는 이유는 그 수준이 과도하고 저널리즘의 원칙을 아무렇지도 않게 위반하면서 정파성을 실현하고자 하기 때문이라고 지적했다. 이와 관련해 정당하지 못한 정파성을 4가지로 분류한 연구(김영욱, 2011)는 개별 보도를 분석하는 데 도움이 된다. 첫째는 사안의 발생과 그에 대한 기본적인 이해에 필요한 사실 및 사실관계를 조합해서 보도할 때 일반의 상식적인 판단(혹은 사회통념적인 판단)에서 기본적으로 포함돼야 할 사실과 사실관계(때와 장소 및 행위주체, 직접적인 선행사건, 상반되는 입장, 상반되는 주장, 일반적으로 인정받는 사실관계 등)가 정파적 경향성 때문에 기사에서 빠지는 경우이다. 둘째는 사안에 포함된 사실을 정파적 경향성 때문에 사실과 다르게 제시(거짓)하거나 사실관계(인과관계 등)를 일반 상식적 판단과 다르게 제시(왜곡)하거나 혹은 충분한 근거나 확인 없이 제시(단정)하는 것이다. 셋째는 인과관계나 상관관계에 대해 상반된 견해들 중 정파적 경향성 때문에 한쪽 견해 혹은 일부 견해만을 적용해서 서술(은폐)하는 것과 왜곡과 단정이 명시적이지 않더라도 모호하거나 추상적인 표현으로 읽는 사람이 그렇게 받아들일 것을 의도하거나, 그렇게 받아들일 수 있다는 사실을 예상할 수 있음에도 그를 해소하기 위해 특별한 노력을 기울이지 않은 경우이다. 그리고 넷째는 사안에 대한 평가에서 정파적 경향성으로 인해 가치나 선호를 적용해서 서술하거나 복합적인 사안에서 사실관계를 추정할 때 그것이 필자의 가치나 선호, 추정이라는 사실을 명확하게 하지 않는 경우 등이다.

또 다른 연구(이정훈·이상기, 2016)에 따르면, 정파 언론은 자기 정파를 긍정적으로 묘사하는 것이 아니라 반대 정파를 부정적으로 묘사하는 데 치중한다. 부정의 강도는 분노나 혐오와 같이 매우 격렬하다. 예를 들어 종편 정치시사 프로그램의 핵심적인 특징은 격렬한 부정적 감정을 이용해 반대 정파를 부정적으로 묘사함으로써 자기 정파의 시청자들에게 감각적인 즐거움을 주고 있다는 것이다.

언론사의 정파적 차이가 극명하게 드러나는 전통적 영역은 북한 및 남북문제에 관한 보도이다. 국가보안법 개폐 문제는 단골메뉴였다. 북한의 비핵화와 남북갈등에 대한 보수와 진보언론의 보도와 논평은 상황을 설명하는 팩트가 달라질 뿐 기본적인 구조는 늘 똑같다. 도식적이고 기계적이다. 정파성이 투사되는 분야는 날로 넓어지고 있다. 조금 큰 규모의 정당 간 대립이 발생하는 사안이면 어김없이 나타난다. 종합부동산세, 대통령 친인척 비리, 경제위기설, 미국산 쇠고기 수입, 정부 및 대통령에 대한 평가 등에 대한 보도 분석 결과가 이를 말해주고 있다. 실증적 분석이 아니더라도 정치, 외교, 경제, 사법, 교육, 노동, 세무, 복지 등 너무 많은 영역에서의 언론 패싸움을 우리 독자와 시청자들은 항상 접할 수 있다.

정파성의 가장 큰 문제는 사실 및 사실관계의 보도에 나쁜 영향을 미친다는 것이지만, 부작용은 여기서 끝나지 않는다. 수용자들, 즉 대중의 매체 소비에도 왜곡을 가져올 수 있다. 언론에 대한 수용자의 정파성 인식이 언론 평가와 이용에 영향을 준다는 것이다. 수용자는 자신의 정치적 성향과 보도 방향의 일치여부에 따라 뉴스의 공정성과 정확성 등을 차별적으로 평가하고, 이에 따라 어떤 것은 수용하고 어떤 것은 무시하는데 이 과정에서 도출되는 개념이 '적대적 매체지각(hostile media perception)'이다. 적대적 매체 지각이란 언론이 자신의 입장과 반대되는 보도를 하고 있다고 지각하는 것을 일컫는다. 이는 중립적인 사람들이 보기에는 객관적인 보도인데 자신의 관점과 태도를 기준으로 아니라고 생각한다는 점에서 편향적이다. 그런데 이런 편향 지각의 1차적 원인을 제공한 것이 정파적 언론보도라는 연구(김위근, 2019)가 있다. 즉, 언론의 정파성이 정파적 대중을 구성하고, 이들이 정파적으로 뉴스를 소비하게 된다는 것이다. '적대적 지각의 나선구조'라 부를만한 일이 언론과 수용자들 사이에 전개되고 있다는 이야기이다. 이는 특정 언론에 대한 선택적 노출과 언론 전반에 대한 불신, 그리고 사회적 소통의 결핍으로 이어지고 있다. 게다가 얼마 전에는 언론의 정파성에서 비롯된 수용자의 적대적 매체지각과 편향적 정보처리가 최근 이슈로 부상한 '가짜뉴스'의 생산과 확산에까지 영향을 주고 있다는 연구결과(박진우, 2019)가 발표됐다. 언론 정파성이 정파적 수용자를 낳고, 이들의 편향적 뉴스수용이 가짜뉴스 전파를 촉진함으로써 사회적 의제에 대한 건강한 커뮤니케이션을 교란하는 부정적인 연쇄효과가 일어났다는 결론에 다다르게 된다.

마지막으로, 뉴스생산 영향요인 동심원에서 가장 바깥에 있는 큰 원인 이데올로기이다. 보통 이념으로 번역되는 이데올로기란 '사회 집단의 사상, 행동, 생활 방식 등을 근본적으로 제약하고 있는 관념이나 신조의 체계 또는 역사적·사회적 입장을 반영한 사상과 의식의 체계'라고 사전에 정의돼 있다. 이걸 한국의 이데올로기에 대입하면 구체적으로 자본주의, 시장경제, 민주주의, 인권과 사유재산 존중, 이윤추구 등등이 될 것이다. 집단이든 개인이든 구성원들의 절대 다수가 동의한다고 여겨지는 '합의(agreement)'의 영역이다. 이런 가치를 부정하거나 전복하려 한다면 '일탈(deviance)'의 영역으로 넘어가는 것이 된다.

언론은 철저히 사회적 산물이다. 기업으로서의 언론도 그렇고, 언론이 생산하는 콘텐츠들도 그렇다. 이런 언론이 머무는 곳은 당연히 합의 영역이고, 아주 가끔 '논쟁(controversy)'의 영역을 넘나든다고 보는 것이 일반적이다. 따라서 이데올로기와 언론의 관계는 공기 또는 물과 사람의 관계에 비유할 수 있다. 도무지 벗어날 수 없는 숙명적인 무엇이다. 자본주의 타도와 공산혁명을 추구하는 언론이 어떻게 우리나라에 존립할 수 있을까? 이데올로기는 기자 개인의 취재와 기사의 작성, 조직의 수많은 관행과 경영 활동 등 어디 한 군데 스며들어있지 않은 곳이 없다. 뉴스에 영향을 끼치는 요인들을 이데올로기적으로 말하면 하나도 빠짐없이 자본주의적이며, 한국적이며, 통념적이라고 특징지을 수 있다.

언론이 사회 변혁의 중요한 역할을 하는 시기도 있는 것처럼 보인다. 민주화 또는 정권교체 과정과 같은 역사의 분수령에서 어떤 보도가 변혁의 도화선이 된 전례가 있었다. 언론사와 기자가 본령을 지키며 최선을 다한 결과이다.

하지만 이 역시 이데올로기의 울타리를 벗어나지 못한다. 민주화나 사회개혁의 진전은 의미 있는 일이지만 모두 자본주의적이며, 한국적이며, 통념적인 범주에 있다. 언론은 '근본적 변혁'을 선도할 수 없는 기구이다. 체제의 산물이기 때문이다. 그래서 언론이 할 수 있는 일은 '대중 추수(秋收)'에 불과하다는 관점이 엄존한다. 벼가 익어야 농부들이 추수하러 나가듯이 언론도 대중의 뒤를 따라가며 그들이 바라는 것을 반영한다는 것이다. 미디어는 대중을 선도하며 이데올로기와 체제에 도전하는 일은 결코 하지 않는다. 상대적으로 진보적인 언론도 체제변혁과는 거리가 멀다. 체제 내 진보일 따름이다. 이데올로기와 뉴스의 관계 설명은 이 정도면 충분할 것 같다.

1996년 제작된 영화 '비포 선라이즈(before sunrise)'에서 여자 주인공인 셀리(줄리 델피 분)가 이런 대사를 한다.

"나는 우리 정신을 지배하려는 대중매체도 싫어. 잘 드러나지 않아서 그렇지 파시즘의 새로운 형태라니까."

여기서 말하는 전체주의는 단일 이데올로기의 대중 지배를 뜻하는, 넓은 의미의 그것으로 보인다. 무솔리니의 파시즘 또는 히틀러의 나치즘 등 구체적 전체주의를 염두에 둔 것은 아닐 것이다. 그렇다면 하나의 이데올로기, 하나의 체제, 하나의 삶의 방식을 이야기하고 콘텐츠를 통해 대중을 포섭하는 미디어를 파시즘, 즉 전체주의의 형태나 도구로 보는 관점은 충분히 성립할 수 있다. 더구나 셀리가 실존주의 철학과 결합된 '68운동' 발상지인 프랑스인임을 감안하면 그렇게 생각할 수 있겠다고 고개가 끄덕여진다. 근대(modern times)가 개막돼 인류가 지금처럼 살게 된 것은 300년도 되지 않았다. 지금의 이데올로기는 이 시대의 산물이며 선택일 뿐이다. 미래에 더 좋은 대안이 나타날 수 있다고 믿고 상상하는 것은 자연스러운 것이다. 그래서 셀리는 그런 일에 도통 관심이 없는 미디어를 파시즘이라고 비판한 게 아닐까? 혹시 오해하지 말기 바란다. 필자는 체제변혁을 외치고 있는 것이 아니다. 이데올로기와 뉴스의 관계를 조금 더 풍성하게 설명하기 위해 노력하고 있는 중이다.

PART. III

Big brother of News

뉴스의
빅 브라더

권력기관의 편집

송신자(취재원) → 미디어 → 수신자(수용자)

이 도식을 기억할 것이다. 기본적인 보도 프로세스이다. 지금까지 우리는 뉴스가 생산되기까지 미디어에서 어떤 일이 벌어지는지에 대해 상세히 알아보았다. 보도내용과 방향을 정하는 주체는 미디어라고 생각했기 때문이다. 맞는 말이다. 하지만 틀린 말이기도 하다. 주체는 또 있다. 바로 기사의 대상이 되는 사람과 기관을 통칭한 송신자(sender)이다. 송신자 중에서도 중요한 기사가 많이 나오는 곳으로 여겨지는 힘 있는 기관들, 권력기관이 특히 그렇다.

한참 앞에서 우리는 다니엘 부어스틴이 쓴 『이미지와 환상』을 보면서 뉴스는 단순히 모아진 것(gathering)이 아니라 만들어지는 것(making)이라는 것을 알았다. 그리고 미디어가 진짜로 뉴스를 만들고 있음을 앞 장에서 요모조모 실감나게 확인했다. 그러나 송신자들은 절대 수동적으로 취재와 보도를 '당하지' 않는다. 자기들의 주장과 이해를 관철시키기 위해 알리고 싶은 내용을 최대한 '포장'한다. 포장은 필연적으로 원형(prototype)의 변형으로 이어진다. 원형이 어떻게 생긴 것인지는 알 수 없지만, 분명한 사실은 그들은 있는 그대로 언론에 내놓지 않는다는 점이다. 보도자료 배포이든 기자회견이든 특정 언론에 대한 단독 기사 제공이든 마찬가지이다. 이 내용을 공개할까 말까에서부터 공개한다면 언제하며 어느 수위까지 할까, 형식은 어떻게 할까, 어떤 부분이 제목으로 부각되는 게 좋을까, 발표 이후 비공식적 설득작업은 어떻게 진행할까를 치밀하게 점검한다. 이 점에서 송신자들은 분명 뉴스제작의 두 번째 주체이다. 유리한 보도, 유리한 여론을 겨냥한 '뉴스 만들기 전장(戰場)'에 매일 참전한다. 이들이 우리 앞에 내놓는 것은 부어스틴이 말한 '가짜사건(pseudo event)'이다. 예컨대 청와대 주인인 대통령은 초대형 뉴스메이커이자 의제설정의 주체이다. 대통령이 하는 모든 일은 공식 업무에서 사소한 일상에 이르기까지 뉴스 가치가 있다고 여겨진다.
하지만 미디어를 통해 뉴스로 대중에게 전해지는 대통령의 행위
와 모습은 하나에서 열까지 치밀하게 '관리된' 결과물이다. 있는
그대로의 진짜는 없다.

스핀닥터(spin doctor) 전성시대

문제의 핵심은 언론의 취재가 기관이 내놓은 것을 바탕으로 시작된다는 것이다. 이에 대한 기자들의 의존은 사안에 따라 정도의 차이가 있을망정 기본적으로 불가피하다. 기관과 출입기자들의 '정보 비대칭성' 때문이다. 기자들은 기관에서 무슨 일일 벌어지고 있는지 시시콜콜 알 수가 없다. 어떤 자료가 다뤄지고, 쌓여있는지도 모른다. 관계자들의 공식, 비공식적 발표 또는 공개에 따라 대략적인 모양과 결과를 알 수 있을 뿐이다. 기관이 조직적으로 알려야 할 사실을 감춘다면 내부고발이 나오기 전까지 알 수 있는 방법이 없다. 뭔가를 공개한다 해도 그것이 전부인지 아닌지, 온전한 것인지 왜곡됐는지 파악하기 쉽지 않다.

물론 기자들이 기관의 입장을 100% 반영해 기사화하는 것은 아니다. 후속 취재를 통해 발표된 내용을 뒤집는 사실과 주제를 드러내는 경우도 있지만, 흔한 일은 아니다. 그래서 기자들 사이에는 "우리가 출입처 돌아가는 일의 10분의 1만 알아도 다행"이라는 자조적인 말이 오간다. 필자가 정당을 출입했던 시절 전직 대통령 아들에 대한 공천문제가 불거져 현장기자 칼럼을 통해 당 지도부의 공천 움직임을 비판한 적이 있다. 그 칼럼이 나간 다음 날 당사 엘리베이터에서 마주친 당 대표는 빙그레 웃는 표정으로 내 어깨를 툭툭 치며 "글 잘 봤는데, 나도 기자출신이지만 당신들은 세상일을 잘 몰라"라고 했다. 일면 불쾌했지만, 찜찜한 느낌은 어쩔 수 없었다. 결국 문제의 공천은 이뤄지지 않았다.

기관 출입처를 들여다보자. 언론사마다 다소간 차이는 있지만, 부서별 또는 팀별 주요 출입처는 대체로 아래 표와 같이 구성돼 있다.

신문의 1면이나 방송의 헤드라인을 장식하는 뉴스를 자주 생산하는 언론사 부서는 정치부, 경제부, 사회부라고 할 수 있다. 표를 보면서 눈치를 챘겠지만, 이들 부서의 공통점은 소위 권력기관에 해당하는 출입처를 많이 거느리고 있다는 것이다. 노란 줄을 그어놓은 출입처들이다.

정치	청와대·정당·국회·외교안보
경제	금융·부동산·주식·세금·기업·유통·정보통신
국제	해외 뉴스, 국제기구
사회	사건·사고(경찰), 법원(헌법재판소)·검찰, 교육, 보건 복지, 환경, 노동, 교통, 지방자치단체, 시민·사회단체, 여성, 청소년
문화	학술, 문학, 출판, 음악, 미술, 종교, 영화·연극, 연예
스포츠	야구, 축구, 농구, 배구
사람	개인 및 단체 동정, 부음

　사회가 다원화되고 사람들의 관심사도 다양해졌지만 굵직한 기사는 여전히 정부와 정치권을 중심으로 하는 기관 발(發)이다. 다수 국민과 연관된 법률과 제도의 제정(국회)과 집행(행정부), 해석(사법부), 그리고 경제 및 사회정책을 담당하고 있는 기관의 기사가 크게 취급되는 것은 자연스러운 일로 보인다. 하지만 미국과 일본과 같은 선진국일수록 국제와 문화 방면 기사가 전면(前面)에 등장하는 빈도가 높다는 통계가 있는 것을 보면 다른 생각도 든다.

　권력기관에는 공히 공보담당자가 있다. 설명했듯이 발표 사안이 있을 때 전 과정을 기획하고 실행·관리하는 책임을 지는 사람이다. 홍보수석, 공보실장, 대변인, 홍보기획관, 홍보이사 등 기관마다 명칭이 다양하다. 이들을 전문 용어로 '스핀닥터(spin doctor)'라고 부른다. 정당에도 대표나 대권주자 곁에서 이런 역할을 하는 사람들이 물론 있다.

이들의 비중이 커지는 것은 각종 선거와 여론 형성이 미디어를 축으로 이뤄지기 때문이다. 20세기 이후 대중 커뮤니케이션에서 중요한 것은 실제 모습이 아니라 사람들이 그것에 대해 가진 이미지이고 생각이라고 말했었다. 사람들은 미디어를 통해 전해지는 이미지를 진짜라고 믿는다. 따라서 권력기관이나 유력자들에게는 미디어를 잘 주무르는 일이 최우선 과제 중 하나이다. 일을 벌이면서 언론의 관문을 어떻게 통과하느냐는 일의 성패를 가르는 변수가 된다. 이때, 잘하는 것보다 삐끗하는 경우를 특히 조심해야 한다. 언론에 의해 구성되는 '첫 인상'이 망가지면 일 전체가 엉망이 돼버릴 가능성이 커진다. 권력이든 돈이든 가진 게 많은 사람 또는 집단이 언론에 대해 첫 번째로 바라는 것은 칭찬을 받는 것이 아니라 욕을 먹지 않는 것이다. 방어가 우선이다. 칭찬을 받는 것은 일종의 덤이다. 미디어의 첫째 관심사 역시 비판거리를 찾아내는 것이고, 기자들도 초년병 시절부터 그렇게 해야 한다고 배운다. 대형 사안일수록 기자들의 눈초리는 더 날카로워진다. 요즘은 주류 언론이나 영세 언론이나 기관들에게 무섭기는 마찬가지이다. 세상의 모든 기사가 포털을 비롯한 플랫폼에서 공유되고 소비되기 때문이다. 개별 언론의 영향력은 그다지 중요하지 않다. 엉터리 기사라도 유통과 확산이 빠르기 때문에 해당 기관들은 곤혹스럽다. 언론을 '마사지(massage)'해야 한다는 권력자와 기관의 강박이 날로 커지는 것은 어찌 보면 당연하다. 학계에서 공인된 명제는 아니지만, "메시지는 곧 마사지"라는 말도 있다. 스핀닥터의 전성시대가 열린 셈이다.

　권력의 마사지가 나오니까 떠오르는 사람이 있다. 김영삼 전 대통령이다. 김 전 대통령은 야당 때부터 언론을 잘 활용하기로 정평이 나있던 분이다. 대통령이 되기까지 언론의 이런저런 도움을 많이 받은 것으로 알려져 있다. 그 중에 이런 일화가 있다. 그는 사소한 말실수가 경쟁자들에 비해 잦았다. 이를 테면, 강원도를 방문한 자리에서 강원도의 "아름다운 지하자원(풍부한 지하자원 또는 아름다운 자연경관)"이라든지 여주 세종대왕릉을 찾아가 세종대왕은 우리 역사 상 가장 훌륭한 "대통령(왕 또는 군주)"이라고 말하는 식이다. 하지만 당시에는 이대로 보도되지 않았다. 정확하게 표현한 것으로 보도됐다. 수행한 기자들이 "한두 번도 아닌데"라며 웃어 넘겼기 때문이다. 진영 갈등이 극을 치닫는 요즘 같으면 어림없는 일이다. 대선후보의 지적 능력이 도마에 올랐을지도 모른다. 어쨌든 성공한 언론 마사지의 배후에는 공보참모들의 평소 노력이 있었다.

더욱이 우리가 살고 있는 디지털 미디어 시대에는 언론의 기능을 하는 사실상의 미디어가 늘었다. SNS가 대표적이다. 기관이 언론을 거치지 않고 대중에게 직접 메시지를 발신하고 소통할 수 있는 창구를 운영하게 된 것이다. 이 역시 스핀닥터의 영역이다.

이들에게 요구되는 덕목 중 '정무(政務) 감각'이라는 것이 있다. 발표될 정책이나 메시지의 내용뿐 아니라 정치적 타이밍, 사회 분위기, 국회 상황, 기자들 반응 등을 분석하고 판단할 줄 아는 능력이다. 메시지 외적 요인들까지 종합적으로 고려해야 공보 효과가 극대화되기 때문이다. 이들은 단순한 메시지 전달자가 아니라 반(半)정치인이다.

기자가 출입처에 나갈 때 매일 봐야 하는 사람이 스핀닥터들이고, 기자는 이들이 공·사석에서 발표하거나 알려주는 것을 주로 기사화한다. 요즘엔 '김영란법' 때문에 많이 위축됐지만, 식사 등을 통한 상호 친분 쌓기 시간도 갖는다. 하지만 기자들은 늘 벽을 느낀다. 기관의 입장에서 계산된 메시지와 사전에 조정된 코멘트를 주로 내놓기 때문이다. 공직자들의 술자리 실언 같은 게 문제가 되는 경우가 있지만 자주 있는 일이 아니다. 파문을 일으킨 발언마저 일견 실수 같지만, 노림수가 있는 의도적 언행이었던 적도 있었다. 정보와 뉴스의 주도권을 기관이 쥐고 있으니 기자들이 쓸 수 있는 것은 제한적일 수밖에 없다.

필자는 기자가 아니라, 기관에 소속된 사람으로서 이를 경험으로 확인했다. 20년 간 기자생활을 마친 필자는 청와대와 국무총리실에서 근무할 기회를 가졌다. 시간이 흘렀지만, 그때의 경험은 워낙 특별한 것이어서 생생하다. 요약해서 말하면, 당시 청와대와 총리실에서 논의된 내용과 결정이 모두 보도됐다면 나라가 뒤집어졌을지도 모른다. 지금의 정국(政局)도 바람 잘 날 없지만, 그것과는 비교가 안 될 혼란이 일어났을 것이다.

청와대의 경우 기자들이 경내, 즉 비서들이 근무하는 건물에 출입할 수 없다. 종일 기자실이 설치돼 있는 춘추관에 갇혀 있다. 내부 정보에 접근할 수 있는 길은 관계자들과의 통화나 식사자리 정도이다. 안에서 어떤 일이 벌어지는지 제대로 알 수 없는 구조이다.

정치에는 모름지기 막전(幕前)과 막후(幕後)가 있다. 연극무대의 막이 올랐을 때와 막이 내려왔을 때 배우들의 모습이 다른 것처럼 말이다. 연극이 시작되면 배우들은 아름답고 질서 있는 연기를 보여주지만, 막후에서는 다음 장면을 준비하기 위해 난리법석을 떤다. 연극의 성공을 위해서는 필수적인 과정이다.

정치도 마찬가지이다. 국민 앞에 내놓을 수 없는, 때로는 추하고 때로는 황당하고 때로는 아슬아슬한 상황이 권력기관 또는 정당 안에서 벌어진다. 청와대와 총리실에서도 "기자들이 이걸 안다면 바로 1면 대가리(헤드라인)가 되겠다"는 생각이 드는 자료들이 사무실 여기저기를 돌아다닌다. 사실 이 부분을 국민이 반드시 알아야 하느냐에 대해서는 여러 의견이 있을 수 있다. 필자는 부정적이다. 정치의 숙명적 '악마성' 같은 것은 명시적 부정부패나 부도덕한 짓이 아닌 한 공개하지 않는 게 낫다고 본다. 어떤 이가 그러지 않았던가. "정치는 고귀한 목표를 지향하는 비루한 행위"라고. 과정도 결과도 아름다울 수 있다면 좋겠지만, 정치는 그럴 확률이 매우 낮은 영역이라고 생각한다.

어찌 됐든 필자는 기자시절 출입처 관계자들에게 업무를 아는 척 하고, 훈수를 두고 했던 행동을 두 기관에 근무하면서 뒤늦게 민망하다고 느꼈다. 크게 잘못한 일은 아니지만, 정확히 잘 모르고 알아야 일부분이면서 그 이상 설친 것은 맞으니까. 힘이 센 출입처일수록 취재원과 기자의 실질적 역학관계는 이렇다. 겉으로는 기자가 갑으로 보이지만, 아니다. 기사의 범위와 내용과 방향을 큰 틀에서 길라잡이 하는 것은 어디까지나 권력기관이다.

특종도 권력 마음대로?

온라인 속보 경쟁이 주를 이루는 최근에는 관심이 시들해졌지만, 1990년대까지는 기자들이 특종(特種: 중요한 기사를 경쟁 언론사들보다 앞서 보도하는 것)에 목을 맸다. 특종은 언론사 조직에서 자신의 능력을 인정받을 수 있는 발판이었다. 특종을 잘하는 기자에게는 희망 부서에서 일하고, 차장과 부장으로 빠르게 승진할 수 있는 기회가 주어졌다. 동시에 낙종(落種 : 중요 기사에 대한 단독보도를 경쟁 언론사에게 빼앗기는 것)에 대한 방어벽이기도 했다. 특종을 해놓으면 다음에 낙종을 하더라도 윗선의 따가운 눈총이 덜하다. 낙종은 기자들에게 치명적이다. 기자 세계에서 천수(天壽)를 누리려면 특종을 하는 것보다는 낙종을 하지 말아야 한다. 하지만 살벌한 취재 경쟁에서 낙종은 피할 수 없다. 현장에서는 낙종을 다른 말로 "물을 먹는다"라고 한다. 그래서 기자들은 "민주주의는 피를 먹고 자란다"는 미국 독립선언문 작성자 토머스 제퍼슨의 말을 가져와 "우리는 물을 먹고 자란다"는 신세한탄을 하곤 했다. 낙종이 몇 번 겹치면 문자 그대로 조직에서 찍힌다.

특종 이야기를 꺼낸 이유가 있다. 특종은 정확한 비율을 제시할 수는 없지만, 상당부분 아니 대부분 출입처에 의해 결정된다. 기자가 특종을 하는 게 아니라 출입처가 특종을 만들어준다는 의미이다. 청와대와 검찰 등 정부 주요기관이나 정당 발(發) 특종일수록 기자들의 순수한 노력에 의한 것은 드물다. 해당 기관이 의도를 갖고 특정 언론 또는 기자에게 흘려주는 방식, 즉 유출(leak)에 의해 특종이 생산된다. 정치권 특종은 상당수가 유출된 것이라고 보면 크게 틀리지 않는다.

뉴스 유출은 권력기관이 비중 있는 정보를 국민 사이에 유통시키는 주요 커뮤니케이션 수단이다. 다시 말하면 국가가 의제를 설정하고 관리하며, 때로는 불리한 상황을 모면하기 위한 지렛대가 된다. 유출은 사무실로 기자를 불러 자료를 건네주거나, 전화로 일러주는 방식 등으로 이뤄진다. 부장이나 차장 등 데스크에 귀띔해 일선 기자에게 취재토록 하는 경로도 있다.

고위 관계자, 핵심 인사 등을 주어로 '알려졌다' '전해졌다' 는 식의 익명보도 형식을 띤 특종은 대개 조직 책임자의 의중이 담긴 제보의 결과물이다. 언론도 이게 권력기관의 목적에 휘둘리는 것이라는 걸 알지만, 단독보도라는 마력에 끌려 기사를 최대한 키워 파급력을 극대화시킨다. 신문이든 방송이든 영향력 있는 언론에 특종이 많은 것은 우연이 아니다. 권력기관이 그 영향력, 정파적 태도를 선별해 활용한 결과이다.

권력의 뉴스 유출을 통한 국면전환을 흥미롭게 묘사했던 영화가 기억난다. 정우성과 조인성이라는 대표적 미남 배우가 함께 출연한 「더킹」(2017)이다. 검찰이 야당 거물을 수뢰혐의로 구속하려다 역공을 받자, 갖고 있던 유명 여배우의 마약파티 동영상을 언론에 흘려 여론의 관심사를 바꿔놓음으로써 전세를 뒤집는다. 그때 부장검사 한강식(정우성 분)이 말한다. "야바위(길거리에서 엎어놓은 컵 안에 구슬 같은 것을 숨기고 돈을 건 사람들이 보는 앞에서 요리조리 섞은 후 구슬이 있는 곳을 맞히게 하는 게임)할 때 사람들은 컵 속의 붉은 콩을 봐야하는데 손기술만 보거든. 우리는 이슈로 이슈를 덮는 거야."

이건 일부 과장이 섞인 픽션이지만, 우리는 실제 상황에서 권력의 '이슈로 이슈 덮기' 시도를 목도한 바 있다. 2016년 10월 24일 당시 박근혜 대통령은 국회 시정연설에서 헌법 개정 의사를 밝혔다. 핵폭탄 급 뉴스였다. 개헌 필요성에 대한 여야의 공감대가 적지 않았던 마당에 그간 부정적이었던 청와대가 찬성했다는 것은 곧 개헌 현실화를 의미하기 때문이다. 개헌은 권력구조를 포함한 국가운영의 골간을 바꾸는 어마어마한 일이다. 하지만 실제 목적은 개헌이 아니었다. 이는 몇 시간 후 예정된 '최순실 태블릿PC' 보도를 덮기 위해 허둥지둥 던진 '선빵'에 불과했다. 이런 대응을 대란대치(大亂大治 : 크게 어지럽혀 크게 다스린다)라고도 한다. 결과는 우리가 아는 대로다. 개헌카드는 전혀 통하지 않았다. 개헌이슈가 흔적도 없이 사라지는 데는 반나절이 걸리지 않았다.

권력은 이런 종류의 시도를 끊임없이, 정교하게 반복하고 있다. 권력 발 빅뉴스가 느닷없이 발표되거나, 일부 언론에 의해 특종 보도됐다면 무언가 의도가 숨어 있을 공산이 크다. 언론도 의심하기는 하지만, 업계 경쟁과 관행 때문에 일단 비중 있게 받아쓰지 않을 수 없다.

기자 초년병 시절, 나중에 중앙일간지 사장까지 지낸 한 선배가 검찰을 출입하면서 검사실 쓰레기통을 뒤져 수사상황을 담은 자료의 한 부분을 찾아내 대형 특종을 했다는 무용담을 입을 딱 벌린 채 들었던 기억이 있지만, 다 옛날이야기이다. 권력기관은 이제 그렇게 어수룩하지 않다. 필자의 제일 큰 특종도 정부조직법 개편에 관한 여야 협상장에서 오간 대화를 몸을 숨긴 채 귀를 벽에 대고 목이 뻣뻣해질 정도로 엿들은 끝에 나온 것이었다.

권력기관이 특종을 좌지우지 한다고 해서 이후 언론의 보도 방향과 여론까지 쥐고 흔들 수 있다는 뜻은 아니다. 언론은 나름의 시각과 노하우가 있고, 디지털 미디어로 무장한 대중이 만드는 여론은 통제는커녕 예측조차 어려워지고 있다.

그러나 분명한 것은 기관이 중요한 사건 전개의 1차 향도(向導)가 될 가능성이 높다는 점이다. 이를 일찌감치 갈파해 이론화한 학자가 있다. '1차 규정자(primary definer)' 개념을 만들어낸, 영국의 문화연구자 스튜어트 홀(Stuart Hall)이다. 요약하면, 국가가 개입해 중요한 사회적 의제를 관리하고, 이를 미디어의 관행을 통해 관철한다는 것이다. 홀에 따르면 어느 한 시점에 세계적으로 발생하는 수십억 개의 동시적 사건들 중 사람들의 주목을 받는 사건을 부각하는 과정에 유력한 뉴스원(源)으로서의 국가기관이 관여한다. 관여를 가능하게 하는 것은 '허가받은 대변인들'을 포함한 공인된 정보원들의 권력이다. 이들은 대다수의 다른 사람들보다 특정한 토픽에 대해 보다 정확하고 전문적인 정보에 접근하는 것으로 여겨지기 때문에 그들의 이야기가 받아들여질 가능성이 높다. 또 미디어 내부에는 기관의 의사결정자들이 말하고 수행하는 것을 '객관적으로' 보도하라는 직업 이데올로기가 있는데 이 요인이 마감시간 등 현실적 이유와 결합하면서 이들에게 정보를 의존하는 관행으로 나타난다. 미디어가 갖고 있는 이들의 의견에 대한 선호와 신뢰도는 이들을 해당 뉴스에 대한 '1차 규정자'가 되도록 하는 것이다. 이는 뉴스에 대한 정의와 해석 틀의 상당 부분이 이들에 의해 생산된다는 것을 말한다. 홀의 이러한 개념은 자유민주주의 체제에서 국가가 명시적으로 미디어를 장악하고 있지 않음에도 불구하고, 어떻게 뉴스 의제설정에 개입할 수 있는가를 보여주었다는 점에서 의미가 있다. 다만, 홀은 국가기관은 그들에 대한 미디어의 '구조화된 선호'로 인해 자기들이 미디어를 통해 현실을 정의하는 데 언제나 성공할 수밖에 없다는 논리를 펌으로 비판에 직면하기도 했다. 대표적인 것이 뉴스의 형식과 내용은 미디어의 기업적 특성상 소유주와 시장에 의해 좌우되는 사실을 외면했다는 지적(한동섭, 1999)이다. 시장이윤을 우선하는 소유권의 통제에 따라서는 국가기구의 의도가 때로는 좌절되기도 하고, 때로는 부분적으로만 받아들여 질 수 있다는 것이다. 타당한 비판이다. 요즘이 어떤 세상인데 미디어를 권력기관 마음대로 할 수 있다는 말인가? 설령 그렇다고 해도 그것을 접한 대중이 뜻대로 움직여주는 것도 아니다. 대중은 전에 언론사와 기자가 독점했던 뉴스에 대한 '선별권'과 '해석권'을 분점하고 있다. 그들 간 뉴스 유통을 통해 얼마든지 다른 의미를 만들어 낼 수 있다.

그러나 전문성과 정보를 갖고 있는 기관의 의제설정과 메시지에 대한 관여는 이뤄지고 있고, 홀의 말처럼 앞서 하나하나 들여다본 언론의 관행을 통해 크든 적든 관철되고 있는 것이 현실이다. 엘리트와 기자들 사이의, 출입처 중심 취재구조에서 근본적으로 벗어나기 어려운 굴레인 셈이다. 단순한 메시지 발신자로 여기기 쉬운 송신자가 강력한 뉴스영향 요인이라는 사실을 '1차 규정자 이론'을 통해 우리는 다시 확인할 수 있다.

현란한 홍보수법

다시 스핀닥터로 돌아가자. 그들은 자기가 속한 기관의 메시지가 여론에 호소력을 가질 수 있도록 관련 업무를 총괄하는 커뮤니케이션 전문가로서 사안에 따라 다양한 기술을 구사한다. 그 기술의 종류를 빠짐없이 망라하는 것은 필자의 능력 밖이다. 대신 미국 선전분석연구소가 일찍이 정리한 '7가지 선전기법'을 소개하겠다. 독일 나치의 선전방식을 분석해 1938년에 내놓은 것이지만, 오늘날까지 매우 빈번하게 사용되고 있다. 선전(propaganda)은 원천적으로 부정적인 의미이다. 비록 부족하지만, 진실에 가깝게 알리고자 하는 보도행위와 다르다. 정치적 목적 달성을 위해 사실을 왜곡하고 조작하는 쪽에 가까운 개념이다. '흑색선전', '회색선전'은 그런 뜻으로 붙여진 이름이다. 그런데도 선전기법이 현대 사회에서도 여전히 활용된다고 한다. 그것도 정부기관이나 여야 정당에서. 아래의 7가지 기법을 보면, 정말 그렇겠구나하는 확신이 들 것이다.

   - 낙인찍기(name calling) : 인물이나 정책, 사물 등에 부정적 이름을 붙임으로써 대중들이 그들을 거부하고 비난하도록 만드는 수법이다. '주홍글씨'를 공격 대상의 이미지에 붙여 매도하는 것이다. 귀에 익은 것 중에는 '빨갱이'와 '종북', '세금도둑', '독재의 후예', '토착왜구' 등이 해당된다. 처음에는 설득력을 발휘하지 못하다가 시간이 지나면 낙인찍힌 이름만 기억하는 '수면자 효과(sleeper effect)'와 결합해 효과를 거둔다는 분석이 나와 있다.

   - 미사여구 동원(glittering generality) : 낙인찍기와 반대로 자신과 소속 집단에 대해서는 긍정적 별명을 붙여 그것을 인정하거나 지지하게 만드는 방법이다. 정권이 추진하는 정책에 '국민행복', '서민을 위한'이라는 식의 수식어를 붙이는 사례가 흔하고, '위대한 영도자', '지상 낙원'이라는 문구는 지겹다.

   - 전이(transfer) : 다른 사람의 권위와 명예, 존경스러운 부

분을 갖고 와 인물이나 사물에 붙임으로써 좋은 이미지를 차용하는 방법이다. 어떤 의사를 '한국의 슈바이처'라고 소개하는 식이다. 광고에서 이용하는 '후광효과(halo effect)'와 비슷하다. CF에 굳이 유명 연예인을 등장시키는 것은 그들에 대한 대중의 호감을 상품의 이미지에 덧씌우려는 데 목적이 있다.

- 맥락무시, 거두절미(card stacking) : 자기들에게 유리하거나, 상대방에게 불리한 사실과 자료, 사례를 일방적으로 편집해 제시하는 수법이다. 여야 공방에서 자주 목격되고, 정치권 싸움에 끼어든 일부 언론의 보도에서도 동원되는 방식이다. 요즘 표현으로 '악마의 편집'이다. 아주 오래 전인 1995년 지방선거에서 이런 일이 있었다. 여당 사무총장이 충청도 유세에서 그 지역을 지지기반으로 하는 야당을 겨냥해 "충청도 유권자들이 핫바지도 아니고, 무조건 지역정당을 지지하지 않을 것"이라고 말했다. '핫바지'는 무언가 모자라고 어리숙한 사람들을 일컫는 의미다. 그러자 그 야당 총재인 김종필씨가 "정권이 충청도 사람들이 핫바지라고 했다"며 여당을 공격했고, 지역 여론이 요동쳤다. 결과는 야당의 충청도 싹쓸이, 여당 참패로 나타났다. 김종필씨의 주장은 분명 맥락무시, 거두절미에 해당됐지만 중요한 것은 전체 줄거리가 아니라 지역 주민들이 어떻게 받아들이느냐였다. 선거

국면의 대중은 평시의 대중이 아니라는 말이 있다. 정치판에는 "유권자를 중2 수준으로 보고 전략과 카피를 만들어야 먹힌다"는 말이 공공연하게 돌아다닌다. 노련한 정치인과 홍보 전문가들은 이런 인식과 수법으로 대중의 틈새를 헤집는다.

- 서민처신(plain folks) : 자신도 평범한 대중의 한 사람이라는 이미지를 강조하는 방법이다. 1987년 13대 대통령선거에서는 '보통사람 노태우'라는 카피가 일정한 반향을 일으킨 것으로 분석됐다. 또 선거 때가 되면 재래시장과 달동네를 찾아가는 정치인과 고위공직자들의 처신이 전형적이다. 우리는 그들이 나타나면 "또 때가 됐군"이라는 생각이 들 뿐이다. 찾아가는 본인도 지겨울지 모르지만, 어쩌겠나? 안 가면 욕을 하니 일단 면피용으로 해야 한다.

- 부화뇌동, 편승 유도(band wagon) : "대다수가 이렇게 생각하고 있다" 또는 "모두가 이렇게 행동하고 있다"고 강조하며 사람들을 특정 생각이나 흐름에 편승하게 하는 수법이다. 사람들이 다수의 편에 속해있어야 안정감을 느끼는 심리적 특성을 이용하는 것이다. 아직 지지후보를 정하지 못한 중도 성향의 유권자에게 막판 지지도 조사결과를 보여주면 대개 앞서 있는 후보를 선택한다는 연구도 발표된 바 있다. 강한 설득을 위해 유리한 통

계나 여론조사 결과를 입증자료로 제시하는 경우가 많다.

- 증언기법(testimonial) : 명망가나 이미지가 좋은 단체의 입장이나 언급을 빌어 자기 의견의 정당성을 부각하는 방식이다. 나치의 히틀러는 정권기반 강화를 위해 19세기 독일 철학자 프리드리히 니체와 음악가 리하르트 바그너를 소환해 상당한 재미를 보았다고 한다. 히틀러는 니체의 '초인(超人)사상'과 바그너의 '게르만 우월주의'를 가져와 "두 사람의 작품과 행적이 나의 이상과 일치한다"고 선전했는데 이게 국민 지지를 확산하는 데 도움이 됐다는 것이다. 물론 니체와 바그너는 그때 모두 사후(死後)여서 히틀러의 말이 맞는지 확인할 길이 없다. 다만, 두 사람의 행적 전체를 놓고 볼 때 그렇지 않다는 게 전문가들의 중론이다.

이상의 7가지 기법이 다가 아니다. 대형서점에 나가보면 대중 설득 테크닉을 담은 다양한 책들이 진열장의 윗부분을 차지하고 있다. 그 중 하나가 『스틱!』이라는 책이다. 정치와 기업의 공보·광고 전문가들뿐 아니라 커뮤니케이션 전공자들 사이에서 꽤 유명한 권장도서이지 스테디셀러이다. 기관의 보도 자료를 작성하는 데도 유용한 지침서로 활용된다.

스틱!

원서명. Made to stick
저자. 칩 히스 Chip Heath, 댄 히스 Dan Heath
출판사. 엘도라도
출간시기. 2009
쪽수. 448
정가. 15,000

이 책은 그야말로 1초 만에 사람들의 뇌리에 착 달라붙는 메시지, 즉 '스티커 메시지'의 요건으로 6가지를 제시한다. 단순성, 의외성, 구체성, 신뢰성, 감성, 스토리가 그것이다.

단순성(simplicity)은 사람이 한 번에 기억할 수 있는 정보의 양에 한계가 있으므로 불필요한 내용, 우선순위가 떨어지는 단어를 최대한 제거해 단순하면서 호소력 있는 메시지를 만들어야 한다는 뜻이다. 상황에 부합하는 비유를 찾아보는 것도 권한다. 하지만 위험한 구석이 있다. 단순성은 사안의 본질을 왜곡할 수 있다. 구성이 복잡한 사안일수록 그렇다. 정부 정책을 과연 어디까지 단순화해 국민에게 설명할 수 있을까? '이해했다는 착각'에는 도움이 될지 모르나, 정확하고 종합적인 이해와는 동떨어질 수 있다. 그래서 필자는 정부와 정당이 정책에 듣기 좋은 이름 또는 매도하는 이름을 붙여 홍보하거나 공격하는 게 영 탐탁지 않다. 부실하든, 선후가 뒤바뀌든 자기들이 원하는 방향으로 빨리 이해만 시키면 되는 일인지 모르겠다. 이것저것 가릴 것 없이 '닥치고 소통'을 외치는 세상이니 불가항력이다.

의외성(unexpectedness)은 통념과 상식을 뛰어넘는 예상하지 못한 메시지로 사람들의 주목도와 호기심을 유발시켜야 한다는 것이다. 그런데 여기에 검증되지 않은 엉터리 내용이 끼어들 수 있다. 이 책에서 의외성의 좋은 사례로 제시된 "인간은 뇌의 10%밖에 사용할 수 없다"는 말은 과학적으로 맞는 것일까? 전문가들 사이에 논란이 있다. 일반의 통념을 깨뜨리는 참신성은 좋지만 정확성을 훼손해서는 안 된다.

구체성(concreteness)은 추상적인 개념이나 목표를 전달할 때 속담 같은 것을 인용해 메시지를 만들면 이해하기 쉽고 기억에 오래 남는다는 취지이다. 예컨대 멀리 있는 큰 목표를 쳐다보지 말고 달성 가능한 것부터 차근차근 이뤄가자는 이야기를 "손 안에 든 새 한 마리가 덤불 속 두 마리 보다 낫다"고 표현하는 식이다. 기관의 보도 자료에서 예상되는 정책효과나 절감되는 비용 등을 강조할 때 반드시 수치를 제시하는 것도 같은 방법이다. 이건 알아듣기는 쉬운데, 상황이나 문제를 구석구석 충분히 설명하고 있는지는 별개 문제이다. 대개 수치는 추정치일 따름인데 설득력을 높이기 위해 무책임하게 공표되기도 한다. 그러면 언론은 수치가 눈에 쉽게 들어오니 기사 제목으로 뽑는다. 익숙한 것이 늘 정확한 것은 아니다.

신뢰성(credibility)은 전문가 또는 유명인사의 의견을 인용하거나 통계 수치를 활용해 메시지를 믿을만하다고 여기게 만들어야 한다는 뜻이다.

감성(emotion)은 대상에게 연민을 느끼도록 해 감성에 호소하는 메시지를 만들어야 한다는 것이다. 정치권에서 회자되는 감성 메시지의 첫째는 노무현 전 대통령의 당내 대선후보 경선 때의 연설이다. 노 전 대통령은 장인의 친북(親北) 행적으로 공격을 받자 "그러면 아내를 버리라는 말입니까?"라는 말로 일거에 문제를 해결했다. 여성 유권자들의 감성을 지배함으로써 상대가 공격을 이어가기 힘든 분위기가 조성된 것이다. 감성의 파도에 사실이 떠내려간 경우이다.

스토리(story)는 위 요소들의 종합 판이라고 할 수 있다. 구체적이고 감정을 고취시키며 의외의 요소를 지니고 있어 '지식의 저주'를 물리 칠 수 있는 이야기가 만들어져야 한다는 의미이다. 지식의 저주란 '식상함'으로 보면 될 것이다. 먹히는 스토리는 크게 3가지 플롯(구성 또는 줄거리)이 있다고 한다. 첫째는 도전 플롯으로, 주인공이 거대한 난관에 직면하지만 모든 장애물을 뛰어넘고 성공한다는 전개이다. 둘째는 연결 플롯인데 인종, 계급, 종교, 문화, 민족 등의 간극을 뛰어넘어 다른 사람을 돕는 것이다. 셋째, 창의성 플롯은 자연의 법칙으로부터 영감을 받아 오랫동안 풀리지 않던 수수께끼를 해결하거나 참신한 방식으로 문제를 공략하는 사사구조이다. 이 중 적어도 하나를 갖고 있어야 사람들이 감동을 느끼고 생각을 바꾸도록 만들 수 있다고 이 책은 강조한다. 여러 분의 삶은 어느 쪽 이야기를 품고 있는지 궁금하다. 그래서 필자도 따져보니 스토리랄 게 보이지 않는다. 매력 없는 사람이다.

'미디어 효과'라는 허상

　굵직한 뉴스의 원천인 국가 권력기관의 전문가들이 이런 방식들을 적용한 홍보 기술을 하루 종일 궁리하고 있다는 것을 생각하면 섬뜩하기까지 하다. 소개한 방식은 단지 기술에 그치는 것이 아니라 기사의 내용과 방향, 그리고 이후 여론의 형성과정에까지 영향을 미치기 때문이다. "형식이 내용을 규정한다"는 말이 있듯이 송신자의 첫 메시지가 어떤 틀에 담겨서 나오느냐에 따라 거기에 담긴 내용의 모양과 질이 달라질 수 있다. 다시 강조하지만, 뉴스의 재료는 기관의 발표 또는 공개에 의해 기자에게 전달되는 단계에 이미 가공된 것이고, 오염됐을 가능성이 있다. 항상 의심하고 들춰봐야 하는 이유다. 하지만 언론의 뉴스생산

공정과 관행의 제약 때문에 그대로 넘어와 언론에서 재구성되는 게 현실이다. 이제부터는 정치적, 사회적 힘을 갖고 있는 송신자들을 뉴스 생산자의 범주에 포함시켜 매의 눈으로 다시 봐야 한다.

뉴스 생산과정에서 언론에 선행하는 강력한 플레이어가 있다는 이야기를 넓은 시야에서 전개한 학자가 있다. 책 서두에서 언급했던, 미국 컬럼비아대 저널리즘스쿨 교수인 마이클 셔드슨이다. 언론이 뉴스 생산을 주도한다는 생각은 착각이라는 점을 정면으로 부각하고 있다. 그것을 『뉴스의 사회학』이라는 책에 담았다. 커뮤니케이션이나 저널리즘을 조금 깊게 공부한 사람들은 다 아는 학자이고 책이다. 책의 제목이 벌써 "뉴스는 (언론이 만드는 것이 아니라) 사회가 만든다"고 웅변하고 있다.

이 책은 전통적인 저널리즘에 대한 문제의식에서부터 인터넷 미디어가 기존 미디어를 잡아먹고 있는 21세기적 현상에 대한 해석에 이르기까지 저널리즘의 거의 모든 논쟁적 주제를 다루고 있다. 자신의 주장을 뒷받침하는 근거와 논점을 이론에서가 아니라 미국 저널리즘의 역사와 현실 속에서 찾아내 제시함으로써 설득력과 생동감이 남다르다. 뉴스란 무엇이고, 어떻게 만들어지며, 수용자들에게 미치는 효과는 어떠한가? 그리고 디지털 미디

어 시대의 뉴스 지형변화의 끝은 어디일까? 이 책을 읽는 독자들
은 사례와 함께 던져지는 결코 가볍지 않은 질문에 계속 마주서
며 저널리즘과 뉴스에 관한 자신의 생각을 정리하고 심화하는 기
회를 갖게 될 것이다. 그러나 '답'은 없다. 저자는 몇 가지 중요한
논쟁적 테마에 대한 자신의 견해를 보여주기는 하지만 윽박지르
지 않는다.

뉴스의 사회학

원서명. The sociology of News
저자. 마이클 셔드슨 Schudson, Michael
출판사. 한국언론진흥재단
출간시기. 2014
쪽수. 346
정가. 15,000

　　이 책의 주안점은 앞서 언급했듯이 매일 뉴스를 접하는 일
반인과 저널리즘 전공자들에게 "뉴스란 간단하게 정의할 수 있
는 성질의 것이 아니며, 앞으로도 그럴 것"이라는 메시지를 던지
는 데 있는 것으로 보인다. 이런 점에서 이 책은 분야가 다르지
만, 2010년 국내에서 선풍을 일으켰던 마이클 샌델의 『정의란 무
엇인가』를 떠올리게 한다. 샌델은 아리스토텔레스와 칸트, 롤스

등 대가들의 '정의론'을 섭렵하며 오늘날의 복잡한 현실과 정의의 문제를 접목시킨 골치 아픈 질문을 독자들에게 던진다. 책장을 덮고 나면 정의가 무엇인지 뼈대는 알겠는데, 이 시대의 정의가 어떤 모습으로 구현돼야 하는지에 대한 물음표는 사라지지 않는다. 『뉴스의 사회학』도 비슷한 독후감을 준다.

책에서 가장 흥미로운 지점은 뉴스를 생산하고 보도하는 언론의 역할과 영향이 지금까지 평가돼온 것만큼 주체적이거나 강력하지 않다는 구절이다. 우리도 살펴봤던 '게이트키핑'(기사 취사선택), '아젠다 세팅'(의제설정), '프레이밍'(틀짓기)', 프라이밍'(점화) 등 미디어 이론은 무수한 사건에 대한 언론의 선택과 관점이 중요한 뉴스와 뉴스의 성격을 결정하고, 수용자들에게도 투영될 것이라는 전제를 깔고 있다.

그러나 셔드슨은 아니라고 말한다. 대신 배후의 '문화적 모델'을 강조한다. 언론이 주도적으로 뉴스를 만들어내고 있는 것처럼 보이지만, 사실 뉴스 생산의 틀 자체가 언론이 속한 사회적·문화적 맥락을 벗어나지 못하고 있다는 것이다. 의제설정이든 무엇이든 뉴스 생산과정에서 볼 수 있는 언론의 기능은 문화적 맥락 안에서 의도적이기보다는 비의도적이고 무의식적으로 나타나는 현상이라는 주장이다. 따라서 보도는 언론이 자의적 메시지를 전달하는 과정이 아니라, 이미 정해진 문화의 다양한 측면을 재생산하고 증폭시키는 과정이라는 설명이다.

보도가 '비의도적이고 무의식적'으로 이루어진다는 표현이 재미있다. 언론인들도 그렇게 보도하는 이유와 연원을 정확히 모른다는 뜻이다. 사람의 생각과 행동은 무의식의 지배를 받는다는 정신분석학자 프로이트의 가설이 떠오르기도 한다.

필자의 현장 시절을 되돌아봐도 그런 것 같다. 매일매일 전쟁과 같은 상황 속에서 일선 기자나 데스크나 이런 근본적인 질문을 던져볼 겨를이 없다. 솔직히 말하면, 그런 이야기는 한가한 부서에 있는 동료들이나, 쉬운 말을 굳이 어렵게 하는 언론학 교수들의 몫이라고 치부했었다. 물론 지금은 그렇게 생각하지 않는다.

'문화적 모델'은 앞서 자세히 들여다 본 슈메이커와 리즈의 뉴스 영향요인에 관한 동심원 모델과는 차원이 또 다르다. 영향요인을 훨씬 포괄적으로 상정하고, 각각의 요인이 발생시키는 효과의 강도까지 평가하고 있다는 점에서 그렇다.

저자는 특히 '문화 모델' 가운데서 작동하는 정치권력의 파워에 주목했다. '1차 규정자 이론'과 같은 건 아니지만 닮은 데가 있다. 의제설정 이론을 예로 들어보자. 대중이 '국가가 당면한 주요 의제가 무엇이냐'는 질문을 접할 때 뉴스에서 자주 보는 사안을 언급한다는 게 이론의 요지이다. 그런데 해당 의제들이 최초에 어떻게 해서 뉴스에 보도됐는가를 파고들면 이야기가 달라진다. 저자는 1992년 소말리아에서 어린이들이 굶어 죽어가고 있다는 TV 보도가 미국이 인도주의적 원조를 하게끔 만든 중요한 요인이라는 시각을 반박한다. 실은 공화당과 민주당 지도급 상원의원 여러 명이 공개적으로 미국의 적극 개입을 지지하기 전까지 TV 보도는 상당히 미미했다는 것이다. 뉴스 보도는 1960, 70년대 베트남전쟁 동안 보여주었던 것과 똑같이 워싱턴 정치 엘리트의 의견을 반영했다는 분석이다.

이 논리를 확장하면, 각종 미디어 효과이론 자체가 사라지는 것은 시간문제가 된다. 언론 고유의 권력으로 여겨졌던 역할이 정치·사회·문화의 종속변인으로 전락한다면 이론으로서의 생명력을 유지하기 어려운 것은 당연하다. 저자는 "뉴스기사와 광고 등을 통해 표현된 지배 이데올로기의 헤게모니가 어떻게 인종주의와 성차별, 진보 또는 보수 편향 이데올로기를 재생산하는지에 대한 이야기는 난무하지만 이에 대한 합의는 없다"고 지적하고 있다. 과연 TV때문에 더 폭력적이고 무서운 사회가 됐는가? TV에서 묘사되는 유혈이 낭자한 전쟁 장면 때문에 미국 국민이 베트남전에 반대하는 분위기로 돌아섰는가? 제1차 걸프전에 대한 국민의 지지가 미디어가 이라크에 대한 공중 폭격을 마치 게임처럼 보이고자 했던 미군의 노력에 협조했기 때문에 나타난 결과였는가? 대답은 부정적이다. "미디어는 어떤 측면에서도 개인들에게 신념이나 행동을 이식시키지 않는다"는 것이다. 결정적인 것은 정치, 경제, 사회, 문화, 그리고 조직적 요인들의 총합인 사회적 제도가 만들어내는 압력이라고 저자는 말한다. 뉴스는 사회적으로 만들어지는 것 또는 구성되는 것으로, 미디어는 뉴스 구성에 참여하는 플레이어의 하나일 뿐 그 이상이 되지 못한다는 주장이다. 사회 각 부문에서 현실적 힘이 강력한 것은 아무래도 정치와 경제, 즉 권력과 자본이다. 그리고 이에 참여하는 엘리트 집단이다. 뉴스에 미치는 영향력도 다른 부문에 비해 우위에 있을 것이라는 추론이 가능하다. 이는 '송신자 주도권'을 뒷받침하는 흥미로운 논거가 된다.

여기서 잠시 샛길로 빠져보려고 한다. 객관주의에 대한 셔드슨의 시각을 짚어보기 위해서다. 저널리즘의 가치 중 객관주의만큼 욕을 많이 먹고 도전 받는 게 또 있을까 싶다. 필자 역시 미디어 관행을 다루면서 객관주의 뒤에 숨어 편파와 왜곡, 무책임한 보도를 재생산하는 한국 언론을 비판적으로 묘사한 바 있다.

오래 전부터 언론보도에서의 객관성은 구현이 불가능한 가치라는 지적이 있었다. 사회적인 사실은 과학적 사실과 달리 사회적으로 구성되는 것인데 객관주의를 표방한 것은 비현실적이라는 것이다. 셔드슨의 주장대로, 뉴스가 사회를 구성하고 있는 다양한 힘이 작용해 만들어낸 결과물이라고 할 때 영 틀린 말은 아니다. 또 보도 현장에서 기사가 객관적임을 입증하는 기제가 주로 공직자, 정치인, 지식인, 엘리트들의 코멘트나 그들의 세계관이었음을 부인하기 어렵다. 셔드슨은 "그렇기 때문에 객관성을 추구하는 게 뉴스 왜곡의 근원"이라고 지적했다.

객관성 부정의 최고봉은 포스트모더니즘(post-modernism) 저자들이다. 미셸 푸코, 피에르 부르디외, 자크 라캉과 같은 학자들은 "진실은 없다"고 단언한다. 그들에게 모든 진실과 지식이라는 것은 보편적이지 않고, 맥락에 따른 해석에서 도출된 것이며, 특정 문화와 역사적 단계에서 발견되는 것에 불과하다. 보편적 진리 따위는 존재하지 않는다는 것이 보편적 진실이라는 주장이다.

더 빠져 들고 싶은, 흥미롭고 심오한 논쟁적 주제이다. 그러나 객관의 문제를 저널리즘의 영역으로 갖고 온다면 이 말에는 결코 동의할 수 없다. 뉴스 보도가 '객관'을 실현하는 데 미흡

했던 것은 사실이지만, 그 가치를 지나치게 축소하거나 포기하는 것은 더 위험하다. 그렇다면 객관주의를 대체할 저널리즘의 가치는 무엇일까? 뉴스는 의미를 부여하기 나름이므로 역사의 진보, 사회 개혁에 도움이 되면 좋은 뉴스라는 '주창 저널리즘'이 대안인가?

어디까지나 필자의 추측이지만, 셔드슨이 상정한 객관은 혹시 '비현실적 객관'이 아니었을까? 인간의 주관과 사회적 조건으로부터 완전히 독립돼 있으며 절대적이며 유일한 의미를 가진 객관을 생각하고 있는 게 아닐까? 만약 객관을 그렇게 정의한다면 그 토대 위에 있는 객관주의는 분명 비현실적이다.

하지만 언론의 객관성은 극단적으로 배타적인 객관성이나 자연과학적인 엄밀성을 의미하는 게 아니다. 저널리즘에서 완벽한 객관, 완전한 진실은 이론적으로나 실제적으로 가능하지 않다. 필자의 시각에서 언론이 추구하는 객관성은 기사작성 과정에서 감정을 배제하고 사실과 의견을 분리하려는 부단한 노력을 뜻한다. 그랬을 때 비록 완전하지는 못하지만, 표상하고자 하는 현실에 최대한 근접할 수 있다고 믿는다. 미국 '워터게이트 사건'을 특종 보도했던 <워싱턴 포스트> 기자인 밥 우드워드의 객관보도, 진실보도에 대한 언급도 그런 맥락이다. "그것은 확인 가능한 실체가 있다는 전제 아래 끈질긴 취재를 통해 실체에 가급적 가깝게 다가가는 것이다." 언론이 욕을 먹는 것은 바로 경영악화 등 상황 탓을 하며 이 노력을 게을리 하고 있기 때문이다. 객관저널리즘의 개념과 가치가 뿌리부터 요동치고 있는 요즘이지만, 이것을 밀어낼 수 있는 새로운 덕목은 아직까지 없다. 온라인에서 벌어지는 맹목적인 '해체주의적 행태'는 더더욱 고려 대상이 될 수 없다.

PART. IV

Chaos & the public

혼돈의
대중

그들도 가해자

미디어와 송신자에 의해 뉴스가 '만들어지는' 과정을 살펴보면서 '뉴스란 도대체 뭘까?' 하는 혼란스러운 느낌이 들지 모르겠다. 그건 평소에 갖고 있던 뉴스에 대한 관념이 적잖이 깨져나갔기 때문일 것이다. 이 장에서도 기존의 생각을 많이 바꿔야 할 것이다.

미국의 언론사상가이자 저술가로 언론학 분야에 큰 영향을 끼친 월터 리프먼(1889~1974)이라는 사람이 있다. 조금 뒤에 본격적으로 다루겠지만, 필자가 대학원에서 뒤늦은 공부를 하면서 책을 통해 만난 인물 중 제일 좋아하게 된 사람이다. 미디어와 뉴스와 대중에 대한 새로운 지평을 열어주었기 때문이다. 그가 쓴

『여론(Public Opinion)』을 번역 출판한 <나남>은 책 표지에서 '20세기 최정상의 전설적 언론인'이라고 리프먼을 묘사했다. 전적으로 공감한다. 지금 쓰고 있는 글 전체를 관통하는 바탕 철학의 대부분은 그에게서 온 것이다.

뉴스에 대한 리프먼의 '서치라이트 비유'를 기억할 것이다. 캄캄한 밤중에 담벼락을 비치는 서치라이트의 불빛은 한 부분을 밝게 보여주고는 바로 다른 포인트로 옮겨간다. 우리의 시선도 그에 따라 움직이고, 전에 보았던 모습은 이내 잔영(殘影)만 남는다. 뉴스는 무언가를 정확히, 자세히 보여주지 않는다. 그저 어떤 일이 일어나고 있다는 신호에 불과한 것이라고 리프먼은 말한다. 본래 뉴스는 그런 것이라고 여기고 사는 게 마음 편하고, 맞는 생각인 듯하다. 그래서 더 정신 차리고 세상과 뉴스를 바라볼 필요가 있다.

이 장에서는 수용자, 즉 대중의 이야기를 해볼 텐데 바로 의아하게 생각하는 독자들이 있을 것이다. 수용자가 뉴스의 타락과 시장의 혼란에 무슨 책임이 있다는 것인가? 수용자는 미디어와 송신자가 만들어내는 '가짜뉴스'의 피해자들 아닌가? 그렇기도 하지만, 꼭 그런 것만은 아니다. 유감스럽게도 수용자들은 단순 피해자가 아니라 현 상황에 상당한 책임이 있는 플레이어 중 하나이다.

수용자, 즉 대중에게는 뉴스 인식에 있어서 원초적 문제가 있다. 뉴스를 정확하게 인지하고, 해석하고, 판단내리지 못한다고 리프먼은 지적했었다. 이는 본인의 현실 곡해에 그치지 않고 다른 사람과 집단에도 부정적 영향을 미친다. 더욱이 현대의 수용자들은 디지털 미디어를 통해 형성된 네트워크로 연결돼 있다. 네트워크를 이용해 정제되지 않은, 극단적인 주장을 아무런 제지 없이 누구에게나 보낼 수 있다. 이제는 저질뉴스, 가짜뉴스까지 만들어 유통시킨다. 유튜브에 넘쳐나는 어둠의 콘텐츠를 보라. 대중이 대중의 건강한 뉴스 읽기를 심대하게 방해하는 장면이 연출되고 있다.

뉴스와 정보에 대한 접근의 자유가 거의 무한대로 보장되는 이 시대에 이런 현상이 나타나는 것은 아이러니다. 정보가 개방될수록 사람들은 똑똑해질 줄 알았다. 정보가 많으니 훨씬 종합적인 사고와 판단을 하게 될 것으로 전문가들은 낙관했다. 이와 관련해 19, 20세기의 저명한 석학 두 사람의 관점과 예측을 소개하겠다. 첫째는 영국의 자유주의 이론가이자 공리주의자인 존 스튜어트 밀(1806~1873)이다. 저서 『자유론』으로도 유명하다.

John Stuart Mill (1806-1873)

　　그는 "정보가 자유롭게 유통되고 의견이 활발히 교류될수록 허위가 감소하고 사실성의 요소가 많은 담론이 승리한다"고 주장했다. 밀은 디지털미디어 시대를 예견하지 못했을 것이다. 당시의 신문 중심 뉴스 시장이 지속되는 가운데 권력의 검열 등 표현과 언론자유를 제약하는 요소들이 제거된 사회를 그리면서 내놓은 전망이 아니었을까 싶다. 디지털 미디어는 밀이 상상조차 하지 못했던 수준의 정보유통과 표현 자유를 가져왔다. 정보가 자유롭게 유통되고 의견이 활발히 교류된다는 조건은 초과 충족됐다. 미디어 시장은 온라인을 중심으로 정신없이 팽창 중이고, 정보는 범람하고 있으며, 뉴스 소비자이자 생산자로 등장한 연결된 대중은 여론시장을 넘어 뉴스 생태계에서까지 힘자랑을 하고 있다.

하지만 과연 밀의 예상대로 건강한 담론이 승리하고 있는지에 대해선 강한 의구심이 들 수밖에 없다. 혹시 100년 전과 비교하면 나아졌다고 말할 수 있을까? 그건 살아보지 않았으니 확인할 수 없다. 분명한 건 오늘의 담론시장은 매우 어지럽고, 갈수록 그 정도가 심해지고 있다는 점이다.

또 한 사람은 미국의 교육자이자 프래그머티즘(실용주의 철학)의 비조(鼻祖)로 불리는 존 듀이이다.

John Dewey(1859~1952)

듀이는 대중 커뮤니티의 자유로운 참여와 소통을 통한 집단 지성의 창출 가능성을 믿었다. 뉴스가 실체를 전부 반영하는지 여부는 그에게 중요한 문제가 아니었다. 뉴스란 단지 어떤 일이 있었는지를 알려줌으로써 대중에게 토론의 소재를 제공하는 것으로 족했다. 다만 의견을 제한하고 왜곡시키며, 공적인 사안에 대한 생각을 억제하는 권력의 정보공개 차단이나 규제에는 강하게 반대했다. 이후는 커뮤니티 구성원들에게 맡기면 된다는 것이다. 대중 교육의 과정이기도 한 활발한 토론 을 통해 의미 있는 결론이 도출될 것이라는 논리였다. "뉴스의 의미는 과거와의 관계, 사건들의 맥락, 사회적 관계 속에서 결정되는 것"이라고 그는 강조했다.

듀이는 '공중(公衆, public)'의 실체를 인정했다. 공중이란 공적 이슈에 대한 합목적적 토론을 통해 합리적 판단을 내릴 수 있는 능력을 갖춘 집단이다. '많은 사람들의 합(合)' 정도의 개념인 대중(mass)과는 다른, 수준이 높은 집단이다. 대중의 아래로 군중(crowd), 무리 또는 떼(mob)가 있다. 공중에서 시작해 밑으로 갈수록 무질서하고 폭력적인 속성을 보인다. 이것이 역사의 각각 다른 시기에 나타난 대중의 다양한 얼굴이다. 공중은 이중 가장 이상적으로 여겨지는 모습이다. 따라서 '대중=공중'이라고 보았던 듀이에게 민주주의의 미래는 당연히 낙관적이다. 공중이 이끄는 민주주의는 곡절이 있을망정 발전할 수밖에 없다.

여기서 질문! 디지털 미디어 시대인 지금, 우리는 공중의 실체를 확인할 수 있는가? 공중이 실재하거나 역할을 하고 있다면 건강한 담론이 승리해야 한다. 대답이 쉽게 나오지 않는다. 인류 역사 상 전대미문의 다수 구성원들이 소통에 참여하고 있으므로 듀이가 예측한 미래의 전제 조건 역시 밀의 명제와 마찬가지로 충족됐다고 볼 수 있으나, 결론은 또 "글쎄올시다"이다. 지금의 혼란을 발전 도상(途上)의 과도기적 현상 정도로 덮어두어도 무방한 것일까? 필자는 부정적이다.

우리 시대에 뉴스와 정보와 콘텐츠가 얼마나 자유롭게 전방위로 유통되고 있는지 보여주는 것이 아래의 그림이다. 그 중 점선으로 둘러싸인 맨 아래의 것이 요즘의 구조이고, 위의 2개는 20세기에 경험했던 구조이다.

20세기에는 미디어가 전해주는 내용을 수용자는 수동적으로 받아들이거나 거부했다. 그걸로 끝이었다. 인터넷 시대 초반에는 수용자가 신문과 방송 홈페이지에 의견을 달아 피드백을 주면 미디어는 후속 콘텐츠에 일부 반영하는 쌍방향 소통이 이루어졌다. 이에 반해 21세기 수용자들은 기업적 미디어와 쌍방향 소통을 하는 것은 물론 각자가 스마트폰, 노트북, PC 등과 같은 미디어를 손에 쥔 채 자기들끼리 무한대의 정보유통 및 공유, 의견교환을 할 수 있다. 이른바 CMC(computer mediated communication)의 시대이다.

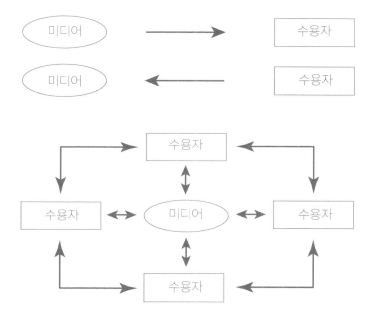

　　디지털 시대의 정보는 마우스를 쥐고 손가락 하나만 까딱
하면 국가 기밀이나 사적(私的) 정보 외에는 대개 접근할 수 있
고, 복제가 가능하며, 나쁜 마음을 먹으면 조작도 할 수 있다. 이
는 대중이 콘텐츠 소비에 그치지 않고 기사와 대중문화 아이템
등 어떤 콘텐츠도 직접 생산할 수 있다는 뜻이기도 하다. 우리는
이걸 모두 할 수 있는 능력자들이다. 생산자이자 소비자인 '프로

슈머(prosumer)'들이다. 그리고 자신이 만든 콘텐츠를 SNS 네트워크에 태워 원하는 상대에게 얼마든지 보내고 받을 수 있다. 하지만 이 시대의 대중이 전보다 유능해졌을망정 훨씬 스마트해졌다는 데는 동의하기 어렵다. 정보에 대한 신속한 접근성 때문에 아는 것의 양이 많아졌을지 모른다. 온라인에 떠다니는 정보와 지식이 얼마나 정확한 것인지는 따로 따져봐야 하지만 말이다. 필자의 눈에는 분별력은 그만큼 나아지지 않았다. 오히려 대중에 의한 뉴스시장 교란이라는 새로운 현상이 부각되고 있다. 전에는 수동적이었기에 문제를 일으킬 소지가 없던 수용자 대중이 많이 알게 되고, 뭐든 할 수 있게 되면서 복잡하고 어지러운 상황이 연출되고 있다.

대중의 세상인식에 대한 문제가 제기된 것은 디지털 미디어 시대의 개막 때문이 아니다. 훨씬 이전부터, 즉 대중이 출현하고 신문과 TV가 중심 매스미디어로 자리 잡은 20세기 이래 대중의 뉴스 소비와 현안 판단능력은 줄곧 도마에 올랐다. 이는 대중을 구성하는 개인의 원초적 문제인 동시에 집단의 문제였다.

월터 리프먼과 존 듀이

대중의 분별력에 대한 회의는 대중이 만들어내는 여론에 대한 의구심으로 이어질 수밖에 없다. 여론은 정확한 민심의 반영인가? 과연 타당한 것인가? 만약 그렇지 않다면 여론으로 작동되는 현대 민주주의는 도대체 무엇인가? 무한대의 소통과 정보의 범람 속에 정보 왜곡과 여론의 파편화(fragmentation)가 심화하는 역설에 직면한 요즘, 이 같은 물음은 더욱 진지해지고 있다. 일찍이 월터 리프먼은 1922년 저작 『여론』에서 대중의 인지적 문제와 여론의 허상을 신랄하게 지적한 바 있다.

여론

원서명. Public Opinion
저자. 월터 리프먼 Lippmann, Walter
출판사. 까치
출간시기. 2012
쪽수. 409
정가. 18,000

리프먼은 이 책에서 '왜곡'이라는 것이 인간의 심성 속에 자리 잡고 있으며, 많은 사람들이 갖고 있는 세계에 대한 상(像)은 그들의 감성, 습관, 편견의 프리즘을 통해 형성된 것이라고 주장했다. "도대체 일반인들이 중대 사안을 어떻게 정확히 알 수 있느냐. 그것은 손에 닿지도(out of reach) 않고, 볼 수도(out of sight) 없으며, 관심사도 아니다(out of mind). 그들은 단지 이미 '머릿속에 그려져 있는 그림(pictures inside our heads)'을 기준으로 판단할 뿐"이라고 적었다.

'머릿속 그림'에 대해 그는 "사람들은 먼저 보고 나서 정의를 내리는 것이 아니라 정의를 내리고 나서 본다. 사람은 모든 것을 다 볼 수 없기 때문에 자신의 경험에 적합한 현실을 머릿속에 만들어내는 것"라고 설명했다. 이는 고정관념(stereotype), 편견(bias) 정도로 이해하면 되겠다. 사람들은 날마다 일상이 무언가 불안하고 무질서해 보일 때 명확성과 일관성을 유지하기 위해 편견을 갖게 되는데, 고정관념은 바로 편견을 갖도록 돕는 역할을 한다고 리프먼은 지적했다. 고정관념은 복잡한 정치적, 사회적 문제들을 아주 쉽게 손에 잡히게 해준다. 우리 주변에서 흔히 발견되는 이념 또는 진영논리도 마찬가지 기능을 한다. 세상의 현상을 분석하고 정의하는 데 이렇게 쉽고 편리한 툴(tool)이 또 있을까 싶다. 하지만 악성이다.

리프먼의 이 통찰을 정면으로 부정하기는 누구라도 쉽지 않을 것 같다. 내가 갖고 있는 이슈에 대한 입장은 어떻게 형성된 것인가? 이슈를 구성하고 있는 내용과 사실관계를 정확히 알고 있는가? 판단을 위해 얼마나 많은 수고를 했는가? 결론의 저작권이 혹시 타인에게 있는 것은 아닌가? 꼬리를 무는 질문에 대답을 하다보면 결국 두 손을 드는 사람들이 많지 않을까? "그래요. 대충 생각한 거예요. 믿을만한 사람의 말을 옮긴 거예요. 다들 그렇게 합니다."

사례를 하나 들겠다. 원전(原電) 문제이다. 현행 원자력 중심의 전력생산 체계를 유지해야 할지, 점진적 폐기 후 대안을 찾아야 할지의 문제이다. 싸움은 좀 뜸하지만, 여야 간 장기 충돌이슈이다. 판단을 위해선 고도의 전문성과 사실 중심의 심층 토론이 필요하다. 그 결정이 사회 다방면에 큰 파급효과를 일으킬 것이기 때문이다. 한데, 일반인들의 찬반 이유는 대개 '경제성' 대 '안전과 환경'의 구도로 나뉜다. 극히 상식적인 수준이다. 필자도 그렇고, 그간 대학 강의에서 만난 학생들도 마찬가지였다. 사실 이것도 애초에 어떻게 만들어진 의견인지 들여다봐야 한다. 그럼에도 여론조사를 실시하면 대답이 나오고, 그것이 국민의 뜻이라고 한다. 이건 문제다. 여론의 품질에 하자가 있다는 걸 알면서 정치인들은 유리한 결과에는 모르는 척 편승한다. 이렇게 국정이 운영되면 안 된다.

리프먼의 이런 관점은 『환상의 공중(The Phantom Public)』에서 공중의 존재와 역할에 대한 강력한 회의로 확장된다. 그는 주권자이고 모든 일에 능력을 갖춘 '완전한 시민(perfect citizen)'과 그런 시민으로 구성된 공화국은 하나의 환영(幻影) 또는 유령이라고 했다. 평균적인 보통사람들이 그들 스스로를 통치할 수 있다는 주장에 대한 반기(反旗)이다. 때문에 리프먼에게 있어 여론을 만드는 주체는 공중이 아닌 군중이거나 대중의 수준에 있는 집단쯤으로 여겨진다. 결론은 "국민이 중요한 문제를 이해하고 합리적 판단을 내릴 수 있다는 가정에서 민주주의가 출발하지만, 이는 신화에 가깝다"는 것이다.

여기서 존 듀이가 다시 생각난다. 듀이는 공중의 실체를 인정한다고 했다. 그들에 의한 합리적 판단과 민주주의의 진보를 낙관했다. 리프먼과 듀이는 공중과 여론에 대한 평가에서 정 반대의 입장을 취하고 있는 것처럼 보인다. 실제로 듀이는 1927년 리프먼을 향한 반박 글을 기고했다. 그는 리프먼의 주장에 대해 "아마도 민주주의를 가장 효과적으로 고발한, 과거에 그 유례가 없던 글"이라고 평가하면서 앞서 소개한 대중 및 뉴스관(觀)을 설파했다.

　　이 논쟁은 거의 100년이 지났지만 승부가 나지 않았다. 처음부터 우열이 가려질 수 있는 있는 사안이 아니었다. 대중, 여론, 민주주의와 같은 사회과학의 주제를 다루고 있지만 실은 존재론과 인식론이라는 철학적 문제로 귀결되는 까닭이다.

　　듀이의 생각으로는 저널리즘이 완전치 못하고 대중은 부족할 수 있지만, 지역공동체의 열린 커뮤니케이션을 통해 뉴스의 의미를 창출하고 훌륭한 민주주의를 만들어 낼 수 있다. 반면 리프먼에게 세상은 사람들의 소통에 의해 구성되는 게 아니라, 발견돼야 할 대상이다. 따라서 이에 접근하고 인식하고 정확하게 전달하고 판단할 능력이 결여된 저널리즘과 대중에게서는 민주주의의 희망을 발견하기 어렵다. 이를 두고 임상원 고려대 명예

교수는 "리프먼은 진리와 선(善) 가운데 진리를 선택했고, 듀이는 선을 선택한 것"이라고 말했다. 기가 막힌 비유이다. 그럼에도 불구하고, 20세기 이후 뉴스와 여론시장을 관찰하면서 리프먼의 신랄한 분석이 더 강렬하게 떠오르는 것은 어쩔 수 없다.

대중은 똑똑하지 않다

신문과 TV 시대부터 디지털 미디어 시대인 현재까지 나타나고 있는 대중의 인지와 판단 능력의 문제, 그에 기반 해 형성된 여론의 허실과 혼란을 분석해주는 세 권의 책을 소개하려고 한다. 필자의 경험만으로 이 방대한 주제를 설명하는 것은 어림없는 일이고, 중언부언이 될 수밖에 없으니 학자와 전문가의 베스트셀러를 읽어보는 것이 훨씬 의미가 있을 것이다. 모두 2010년 이후 출간된 책으로 이론과 실험, 사례로 가득 차 있다. 그만큼 실증적이고 생생하다. 첫 번째는 미국 하버드대 로스쿨 교수이자 칼럼니스트인 캐스 R. 선스타인의 『우리는 왜 극단에 끌리는가』이다.

원서명. Going to Extremes
저자. 캐스 R. 선스타인 Sunstein, Cass R.
출판사. 프리뷰
출간시기. 2011
쪽수. 238
정가. 13,800

선스타인은 베스트셀러 『넛지(Nudge)』와 『루머(On Rumours)』의 저자이기도 하다. 그는 인간의 어쩔 수 없는 한계와 속성이 빚어낸 현대적 현상으로 '집단극단화(group polarization)'를 제시한다. 비슷한 생각을 가진 사람들이 모여 의견을 나누면 더 극단적인 입장을 갖게 된다는 것이다.

이 책은 여론에 대한 리프먼적인 냉정한 비판의 토대 위에서 디지털 미디어 시대에 두드러지고 있는 '끼리끼리 문화'의 어두운 단면을 날카롭게 끄집어내 원인을 분석하고 있다. 날로 가팔라지는 사회 갈등에다 인터넷의 극단화된 저질 여론으로 자주 홍역을 앓는 우리 사회이기에 더 눈길이 간다.

저자는 1990년대 이슬람 테러리즘, 르완다 인종청소, 그리고 이라크 아부그라이브 수용소에서 미군이 자행한 고문과 가혹

행위 등을 집단극단화의 결과로 해석한다. 다음은 집단극단화 가설을 증명하는 몇 가지 실험결과이다.

#1. 2005년 미국 콜로라도주(州) 주민 60명을 진보적인 사람과 보수적인 사람들로 나눠 동성결혼, 지구온난화와 관련한 국제조약 체결여부 등 사회적으로 민감한 이슈에 대해 토론하도록 한 결과 토론 이후 그 전에 비해 더 극단적인 입장을 보였다. 토론 전 진보 성향 주민들은 국제조약 체결을 지지했는데 이후 그 강도가 더 세졌고, 처음에 대부분 중립적 입장을 보였던 보수 주민들은 반대로 돌아섰다.

#2. 미국 연방판사들도 비슷한 성향을 가진 판사들끼리 함께 판결을 내릴 때 입장이 극단적으로 흘렀다. 요약하면, 동성애자 권리, 장애인 차별, 환경, 성차별 사건 등을 놓고 공화당 성향 판사 3명과 민주당 성향 판사 3명이 각각 한 조(組)가 돼 내린 판결이 공화, 민주당 성향 판사들이 섞여있는 조가 내린 판결보다 훨씬 보수적 또는 진보적이었다. 판사들은 전문가 그룹이고 법률을 공부한 사람들이라는 점을 감안하면 이는 일반 통념을 뛰어넘는 놀라운 결과다. 저자는 집단극단화가 종교단체는 물론이고 기

업경영진, 투자클럽, 국가지도자 등 거의 모든 분야와 계층에서 목격된다고 말했다.

그렇다면 극단화는 왜 일어나는가? 첫째, '정보의 힘'이다. 집단의 구성원은 다른 구성원들로부터 집단이 지향하는 방향의 이야기를 주로 듣게 되는데 그러면 입장이 그 방향으로 쏠리게 된다. 둘째, '확증의 힘'이다. 다른 사람들이 자기 생각에 동조하는 것 같다는 느낌이 들면 자신감이 커지고, 확증을 갖게 되면 보다 목소리를 높이며 극단적인 방향으로 움직인다. 앞서 거론된 공화당 성향 판사의 경우 나머지 두 명의 판사로부터 만장일치로 자기 생각을 확인하게 되면서 극단성이 강화되는 것이다. SNS는 극단화가 만들어지는 큰 둥지다. 생각이 비슷한 사람들이 모여 있는 온라인 커뮤니티에 참여해 자기만족을 얻고 입장이 극단화된 사람을 보는 것은 흔한 일이다. 현대의 대중은 정보와 확증의 힘을 온라인에서 '연결된 개인들'끼리 경험한다. TV시대에는 꿈도 꾸지 못했던 상황이다.

셋째는 '평판의 압력'이다. 집단 구성원은 다른 사람들의 생각이 어떤지를 살피며 자기 입장을 수정하며, 자기주장이 다수가 거부하는 것일 경우 공개를 꺼리거나 폐기해버린다. 다른 구성원들에게 자신의 이미지를 좋게, 예컨대 지나치게 신중하거나 소심하지 않은 사람으로 보이고 싶은 심리가 작동하기 때문이다. 이른바 '사회비교(social comparison)' 행위이다. 이와 함께 '수사적 이점(rhetoric advantage)'을 누리려는 목적도 있다고 했다. 보다 강하고, 적극적인 태도가 다른 사람에게 논리적으로 간결하고 설득력이 있어 보이기 때문에 자꾸 극단으로 가게 된다는 설명이다.

동질적 그룹에선 '편향동화(biased assimilation)' 현상도 발견된다. 사형제도 폐지에 찬성하고 반대하는 두 그룹이 각각 양쪽 주장이 균형 있게 반영된 글을 읽은 뒤 오히려 기존 주장이 더 강화된 현상이다. 자신의 생각과 어긋나는 정보가 수두룩함에도 불구하고, 그런 정보들을 단순한 선전물로 간주해 버리고 기존 입장에 부합하는 정보만 수용함으로써 더 극단화된다는 것이다.

심리학자 스탠리 밀그램 전 예일대 교수의 실험은 '권위에 대한 복종(obedience to authority)'이 극단적 행동을 부르는 또하나의 요인임을 증명했다. 밀그램은 40명의 사람들에게 옆방 사람에게 전기충격을 가하라고 시켰다. 그들에게는 전기충격의 목적이 상대의 기억력을 테스트하기 위한 것이라고 거짓말을 했다. 그리고 충격을 당하는 사람에게는 실제로 충격을 가하는 게 아니라고 미리 알려주었다. 이어 실험 대상들에게 기억력 테스트에서 틀린 답이 나오면 점차 강한 충격을 가하도록 했는데, 300볼트가 넘어서자 충격을 당하는 사람들이 벽을 걷어차는 등 고통을 표시했음에도 실험 대상자의 65%인 26명이 '위험 : 심각한 충격' 단계 보다 두 단계 위인 450볼트까지 충격을 가했다. 실험 대상자들은 확실한 권위를 가진 사람에게서 나온 지시는 옳은 일일 것이라며 복종한 것이다. 밀그램은 이 결과를 홀로코스트와 같은 나치 치하 독일인들의 극단주의를 설명하는 데 이용했다.

실제로 정치철학자 한나 아렌트는 2차 세계대전 당시 독일군 중령으로서 유태인 학살의 실무책임을 맡았던 아돌프 아이히만에 대한 전범 재판(1961년)을 참관한 뒤 집필한 『예루살렘의 아이히만』에서 '악의 평범성(banality of evil)'이라는 개념을 도출했다. 도덕적 판단과 양심의 작동을 포기하고 국가 또는 조직의 권위에 순응해 버릴 경우 우리도 누구든지 아이히만처럼 악마적 행동을 할 수 있음을 지적한 것이다. 이것은 전체주의의 토대가 된다고 덧붙였다. 아이히만은 재판에서 자신의 업무에 죄책감을 느끼지 못했고 오히려 월급을 받으면서 일을 제대로 하지 못했다면 양심의 가책을 느꼈을 것이라고 진술했다.

'상황의 압력(situational pressure)'을 설명한 필립 짐바르도 교수의 '스탠퍼드 교도소 실험(SPE)'도 비슷한 범주에 속한다. 70명을 두 그룹으로 나눠 각각 교도관과 죄수 역할을 맡겼더니 교도관을 맡은 사람들이 하루가 다르게 잔인하고 공격적으로 변해갔고, 수감자들은 진짜 수감자처럼 행동하기 시작했다. 매 점호 시간마다 수감자들에 대한 괴롭힘이 반복됐고, 욕설은 물론 가학적인 행위까지 이어졌다. 한 수감자는 정신쇠약 증세를 보이기 시작했고, 대부분이 극도로 심각한 스트레스로 인한 이상증세를 보여 2주 일정으로 시작됐던 실험은 1주일도 채우지 못한 채 중단됐다. 놀라운 사실은 교도관 역할을 맡았던 사람들은 교도관으로서의 행동지침을 받은 적이 없다는 것이었다. 평범한 사람들에게 제복을 주고 역할만 주었을 뿐이다. 이는 2002년 독일에서 영화「엑스페리먼트(Experiment)」로 제작돼 상영되기도 했다. 이 실험은 개인의 품성은 생각보다 훨씬 미약하며 상황과 시스템의 압력이 멀쩡한 사람으로 하여금 끔찍한 일을 저지르게 만들 수 있다는 메시지를 던지고 있다.

실험 결과는 2004년 이라크의 아부그라이브 수용소에서 발생한 미군에 의한 포로학대 사건을 불러낸다. 포로를 동물이나 장난감처럼 취급하면서도 죄의식을 찾아볼 수 없는 미군 병사들의 반인륜적 모습이 담긴 사진들이 공개되자 국제사회는 경악했다. 하지만 미군 간수들을 인터뷰한 짐바르도 교수는 수용소의 어떤 상황적 특수성이 그런 악행을 저지르게 했는지를 분석해야 한다고 주장했다. 악한 인간이 악한 행위를 했다는 설명은 도움이 되지 않는다면서 다양한 상황적, 주변적, 집단적 특성이야말로 악의 원인이고 그것을 개선하지 않고 개인만 처벌해서는 문제가 해결되지 않는다고 지적했다. 문제는 소속 집단의 압력 또는 분위기에 쉽게 영향을 받는 개인이었다. 짐바르도 교수는 2006년 교도소 실험과 아부그라이브 수용소 사건 등을 담은 『루시퍼 이펙트(Lucifer Effect)』라는 제목의 책을 출간했다. 루시퍼는 성경에서 원래 신에게 가장 사랑받던 천사였는데 교만한 나머지 신에게 도전했다가 지옥으로 내쳐진 지옥의 왕, 즉 사탄을 일컫는 이름이다. 환경변화에 따라 천사가 악마로 변하는 구조는 개인의 인식과 판단이 주변과 집단의 영향에 의해 휘둘리는 경우에 대한 비유로 이해할 수 있다.

이 책에는 나오지는 않지만, 집단 압력에 관한 유명한 실험이 앞서 있었다. 하버드대 심리학자인 솔로몬 애쉬(Solomomon Asch)의 실험이다.

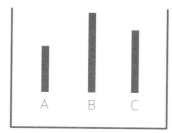

| 먼저 보여준 카드 | 나중에 보여준 카드 |

요약하면 이렇다. 연구자는 실험 참여자들에게 선이 하나 그려진 카드 한 장(왼쪽)을 보여준다. 이어 A, B, C 3개의 선이 그려진 또 다른 카드 한 장(오른쪽)을 추가로 보여준다. 그리고는 A, B, C 중에서 첫 번째 카드에 그려진 선과 같은 길이의 선을 고르라고 한다. 당연히 답은 C다. 그런데 참여자 중에 한 사람이 A를 답으로 꼽는 게 아닌가? 처음에는 그를 비웃는 마음이 든다. 그러나 다른 사람들도 잇달아 A라고 답한다. 사실 A라고 답한 사람은 모두 연구진과 미리 짜고 오답을 말하기로 한 배우들이다. 순진한 진짜 실험 참여자는 배우들이 오답을 말하자 자기 의견을 바꾸었다. 답을 A라고 말한 것이다.

　이는 집단과 다수가 갖고 있는 믿음과 관점이 개인에게 압력으로 작용해 자신이 아는 정보로 판단을 내리는 게 아니라 남의 생각에 근거해 판단을 하게 만드는 '사회적 폭포현상(social cascades)'과 '사회적 전염(social contagion)'을 암시하고 있다. '동조(conformity)현상'으로도 설명되는데 우리가 주변에 의해 얼마나 휘둘릴 수 있는지 알게 하는 실험이다. 이 역시 집단극단화의 한 원인이다.

역사 속에 드러난, 집단과 분위기에 의한 사람들의 생각과 행동의 휘둘림을 좀 더 생생하게 확인하고 싶다면 프랑스의 정신과의사이자 사회심리학자인 귀스타브 르봉이 쓴 『군중심리』의 일독을 권한다. 르봉은 무려 86년 간 지속된 프랑스혁명에서 목격된 대중의 행동에서 나타난 심리적 특징을 예리하게 분석했다. 그에게 대중은 개인의 합리성을 상실하고 맹목적 감정에 따라 행동하는 집합체였다. 혁명이라는 특수상황의 행태를 일반화해도 되느냐는 지적이 있을 수 있지만, 그렇기에 더 두려운 사실이다. 이런 사례들을 정리하다보니 지금과 같은 초연결 시대, 연결 과잉의 시대에 개인의 독립적, 자율적 의사결정이라는 게 과연 가능하긴 한 것일까 하는 생각이 머리를 막 때린다.

다시 『우리는 왜 극단에 끌리는가』로 돌아가자. 이 책도 개인의 이기심과 인지력 문제에서 비롯되는 여론의 한계와 위험성을 강조했다는 점에서 리프먼의 울타리 안에 있다. 수십 년이 지난 후인 현 상황을 더 실증적으로 분석하고 관련 개념을 현대화

했지만, 핵심 메시지는 『여론』과 맥이 닿아 있다고 할 수 있다.

책을 읽으면서 내내 결론이 궁금했다. 혼탁하고 어지러운 국내의 뉴스 및 담론시장이 오버랩되면서 집단극단화 현상에 저자가 어떤 대책을 내놓을까 기다려졌다. 하지만 조금 싱거웠다. 내용이 다분히 규범적인, 교과서적 범주에 머물렀기 때문이다. 저자는 영국 보수주의의 아버지로 불리는 에드먼드 버크의 말을 인용, "경험, 특히 앞선 세대가 쌓아온 경험을 중시하는 것이 대단히 중요하다"며 판단을 상당부분 전통에 위임함으로써 극단화를 견제할 수 있다고 지적했다. 아울러 상하원 양원제와 같은 견제와 균형 시스템 제도화와 심의 민주주의, 다양성 보장 등을 대안으로 들었다. 하지만 이 시대에 과연 누가, 어떤 집단이 대중을 '계도'할 수 있다는 말인가? 대중 사이에서, 특히 온라인에서 하루가 다르게 일어나는 신종 여론 왜곡과 집단극단화는 어떤 수단으로도 통제권 밖이고, 표를 얻어야 하는 정치권과 정부는 편승하기에 바쁘다.

그럼에도 불구하고, 이 책의 지적은 매우 분석적이며, 날카롭다. 학자와 업계 관계자들이 앞 다투어 경탄해마지 않는 디지털 미디어의 세기, 전방위 소통의 세기에 여론이 얼마나 어처구니없이 허술하게, 주관적으로 형성되며 또 갈기갈기 찢어지고 있는지, 시대의 역설을 정확하게 갈파했다. 우리는 큰 사건이 있을 때마다 거의 무조건적으로 반복되는 여론의 비이성적 뒤틀림과 양극화를 목도하고 있다. 앞으로도 나아질 것 같지 않다.

　책을 덮으면서 기분이 우울해졌다. 성숙하지 못한 디지털 대중과 미디어가 움직이는 세상은 어떻게 될까? 합리적 여론과 객관적 사실에 의해 작동되는 민주주의에는 가까이 가는 것조차 불가능한 것일까? 필자의 실력으로는 방법이 떠오르지 않는다. 리프먼은 "여론은 공공이익을 호도할 수 있다. 공공이익은 오직 전문가에 의해 관리되는 게 바람직하다"고 했지만, 역시 비현실적이다. 눈 똑바로 뜨고 정신을 차리고 사는 수밖에 없을 것 같다.

사라지는 진실

두 번째는 미국의 언론인이자 IT분야 기고가인 파하드 만주가 쓴 『이기적 진실』이다. 제목에서 저자가 하고 싶은 말이 무엇인지 짐작할 수 있다. 우리가 진실이라고 믿고 있는 것은 '이기적'이라는 것이다. 우리가 생각하고 싶은 대로 사실을 재구성해 생각하고 판단하면서도 그것이 사실이라고 착각하면서 살고 있다는 이야기이다. '객관성이 춤추는 시대의 보고서'라는 부제가 달린 것도 그래서이다.

#1. 미국에서 실제 있었던 일이다. 1954년 12월 21일 자정에 거대한 홍수로 지구가 멸망한다고 예언한 종교가 있었다. 교주는

신도들에게 재산을 모두 자신에게 바치게 했고, 신도들은 교주의 지시에 따른 뒤 한자리에 모여 멸망에 대비했다. 결과는 우리가 이미 알고 있다. 비 한 방울 내리지 않았다. 신도들은 어떤 반응을 보였을까? 속았다고 분노하여 교주에게 몰려갔을까? 아니다. 오히려 신도들은 감격의 눈물을 흘리면서 신과 교주에게 감사의 기도를 드렸다. "너희가 간절하게 기도한 덕분에 신이 멸망을 유예하셨다"는 교주의 설교를 들었기 때문이다.

레온 페스팅거의 유명한 '인지부조화(cognitive dissonance) 이론'을 탄생하게 한 사건이다. 신도들로서는 전 재산을 팔아 바치고 종말에 대비했는데, 자신들이 속았다는 사실을 받아들이는 것은 매우 불편하다. 그들은 예정되었던 지구멸망이 유예되었다는 말을 믿는 게 편하다. 이처럼 사람들은 자신의 생각 또는 태도와 실제 상황이 다르면 심리적 불편함을 느끼게 되고 그것을 해소하려는 행동을 취한다. 이때 둘 중 한 쪽을 선택하는데 주로 이미 갖고 있던 생각이나 입장을 유지하는 경향을 보인다. 편하기 때문이다. 생각을 바꾸고 행동을 바꾸는 것은 번거롭고, 경우에 따라서는 민망한 일이기도 하다.

이론을 입증하는 데 흔히 예시되는 것이 금연에 대한 흡연자들의 태도이다. 담배가 건강에 매우 나쁘다는 것을 흡연자들도 알면서도 계속 피우는 것은 '내가 담배를 피워도 괜찮은 이유'에 시선을 고정해 신념을 강화하기 때문이다. 예컨대 "우리 집안은 담배를 피워도 장수하는 체질"이라든지, 좀 우습지만 "스트레스 풀려면 담배라도 피워야지 그렇지 않으면 암에 걸릴 것"이라는 합리화가 그것이다. 이솝 우화인 '여우와 신포도' 또한 자주 듣는 비유이다.

저자는 "왜 사실은 더 이상 중요하지 않을까?"라는 물음으로 이야기를 시작한다. 신도들에게는 처음부터 대홍수가 일어나지 않는다는 것은 중요하지 않다. 그들은 믿고 싶은 사실을 선택했다. 이는 사이비종교의 신도들에게 국한된 현상이 아니다. 디지털혁명이 일어나면서 훨씬 심화되고 일반화된 현상이다. 저자는 이렇게 지적한다. "디지털은 더 많은 정보를 제공하고, 생각지도 못했던 큰 정보 지배력을 우리 손에 쥐어주었다. 우리는 인터넷, 스마트폰을 사용해 언제라도 원하는 정보를 접할 수 있으며 마음에 드는 기사를 노골적으로 지지할 수 있다. 이제는 하나의 사실에 대한 의견이 엇갈리는 정도를 넘어 우리가 접하는 사실 자체가 엇갈리고 있다. 편향성은 가랑비처럼 우리의 마음을 적셔 진짜와 가짜를 구별하는 지각능력을 손상시킨다."

미국이 그렇다는 뜻일 텐데 우리 사회는 더 하면 더했지 덜

하지 않을 것 같다. 온라인에는 마음에 드는 사실을 뒷받침할 정보가 넘쳐난다. 군이 나의 생각을 바꿀 필요가 없다. 찾아보면 커뮤니티도 있고, 하다못해 댓글도 있다. 골라잡아 믿고 싶은 사실을 믿으면 된다. 객관적 진실? 애초에 그런 것은 없다. '사실 상대주의'가 횡행하고 있다.

#2. 2005년 말 LA 교외에 세 살 난 여자아이가 호흡이 얕아지고 가래가 섞인 기침을 해서 아이 엄마는 동네 소아과에 갔으나 별일 아니라면서 아무런 치료도 받지 않았다. 일주일 후에도 증세가 없어지지 않자 모녀는 다른 병원으로 갔고, 의사는 귓병을 의심했지만 별다른 치료를 하지 않았다. 세 번째 병원에서는 오른쪽 고막에서 고름을 발견하고는 귓병이라는 진단과 함께 가벼운 항생제를 처방했다. 이후 아이는 열이 38도를 넘기면서 구토를 하기 시작했고, 아이 엄마가 의사에게 전화를 하는 동안 아이는 쓰러지더니 이내 호흡을 멈췄다. 아이를 진찰한 의사들은 몰랐지만, 부검결과 아이는 에이즈에 감염되었다는 사실이 밝혀졌다.

문제는 아이가 엄마로부터 에이즈바이러스(HIV)에 감염되었다는 사실이다. 아이 엄마는 1992년에 HIV에 감염된 사실을 알면서도 HIV가 에이즈를 유발하지 않는다는 사람들의 주장을 믿고는 스스로 HIV와 에이즈의 관련성을 부정하는 단체에 가입해 집회에 참여하고, 치료를 받지 않았다. HIV 감염자가 임신했을 때 태아에게 전염을 막는 약도 복용하지 말라고 하면서 자신도 그렇게 했다. HIV 감염자가 모유수유를 하면 유아에게 감염된다는 의사의 말을 믿지 않고 HIV 감염자들에게 모유수유를 권장했다. 그 여인은 애가 죽은 후에도 아이가 에이즈로 사망했다는 사실을 인정하지 않았다. 아이가 죽기 직전에 복용한 약의 급성알레르기로 사망하였다고 믿었다.

#3. 미국인 3분의 1이 '9·11 테러'를 미국이 아랍을 공격하기 위해 테러를 조작했거나 일부러 저지하지 않았다고 믿는다. 16%는 여객기가 뉴욕 무역센터에 돌진하기 전에 건물에 몰래 폭발물을 설치했다고 믿는다. 무역센터에 돌진하는 보잉기 아래쪽에 장착된 미사일을 분명히 목격했다고 주장하는 사람들도 있었다. 여객기가 건물에 부딪치기 직전에 반짝이는 장면을 보면서 미사일이 명백하다고 믿고, 이를 널리 알리느라 생업을 포기한 경우도 있다. 테러 당일 여객기가 건물에 돌진하는 장면이 TV 카메라로 잡혔고 수없이 반복 방영됐음에도 이런 주장이 난무했다.

인지부조화론은 믿고 싶어 하는 동기까지는 설명할 수 있지만, 이렇게 말도 안 되는 이야기를 믿는 과정에 대해서는 충분한 설명이 안 된다. 저자는 이를 '선택적 노출(selective exposure)'로 설명한다. 믿고 싶은 사실을 뒷받침하는 정보만 모으고, 그런 믿음을 가지고 있는 사람들하고만 의사소통을 하는 행위를 통해 허위 사실을 사실로 믿게 된다는 것이다. 이 개념은 '확증편향(confirmatiom bias)'과 더불어 우리에게도 낯이 익다. 갈수록 심화되는 온라인 중심의 진영 싸움과 여론 양극화 및 파편화를 설명하는 데 사용되고 있기 때문이다.

이기적 진실

원서명. True Enough
저자. 파하드 만주 Manjoo, Farhad
출판사. 비즈앤비즈
출간시기. 2014
쪽수. 220
정가. 13,000

　『이기적 진실』의 저자는 특히 주변 사람들과 의사소통이 선택적 노출의 중요한 요인이라고 본다. 사람들이 진실이라고 믿는 것은 타인과의 상호교류를 통해 규정된다는 것이다. 제2차 세계대전 중 전투경험이 전혀 없는 신병이 다른 신참들과 같은 사단에 배치되었을 때 자신이 싸울 수 있을 것이라고 느끼는 경우가 거의 없지만, 역전의 용사들 틈에 들어갔을 때에는 싸울 수 있다고 느끼는 비율이 2배에 이르렀다는 조사결과를 소개한다. 집단에서 어떤 사실을 진실이라고 믿는 의견이 지배적이면 구성원 각각에게도 엄연한 사실로 자리 잡는다는 것이다. 이렇게 해서 집단의 동질성이 강화되고, 마음에 드는 정보뿐만 아니라 마음에 드는 사람만 집단에 끼워주는 선택적 노출이 이루어진다. 그래서 사람들은 물리적으로 가까이 있는 사람 대신 이념적, 심리적, 감정적, 심미적으로 가까이 있는 사람들과 어울린다. 유유상종(類類相從)이다.

저자는 이런 현상이 만연하는 원인 중 하나로 언론을 지목한다. 방송들이 당파성을 띠기 시작하면서 날선 뉴스를 내보내기 시작했다고 주장한다. 그 시초로 보수적 시각의 선정성으로 유명한 <폭스뉴스(fox news)>를 꼽는다. 시청자들은 객관적이고 중립적인 뉴스를 선호한다고 말하면서도 실제로는 구미에 맞는, 즉 자신의 당파성에 맞는 뉴스만 열심히 본다고 지적한다. 이른바 '편향동화(biased assimilation)' 현상이다. 편향동화는 사람들이 자신의 믿음에 맞춰 새로운 정보를 해석하고 이해하는 경향으로, 선택적 노출이나 확증편향의 가까운 친척쯤으로 보면 되겠다.

언급했듯이 디지털세상의 범람하는 정보는 사람들의 편향성을 강화시킨다. 터무니없는 주장이라도 인터넷을 뒤져보면 뒷받침하는 근거를 찾아낼 수 있으니 믿고 싶은 걸 믿으면 되는 세상이다. 진실이 무엇인지는 중요하지 않다. 저자는 말한다. 이제 세계는 '진실 없는 세상'이 되었다고.

영국 『옥스포드 사전』이 2016년 올해의 단어로 '탈(脫)진실(post-truth)'를 선정했으니 선견지명(先見之明)으로 봐야 할까? 탈진실은 '정보가 합리적 근거보다 감정에 의해 선택되고 여론형성 과정에서 객관적인 사실보다 이념과 집단의 이해 및 감정이 더 중요하게 여겨지는 현상'으로 정의된다. 어느 덧 우리에게도 일상의 장면이 돼 있다.

미국 정치학자 에드워드 밴필드는 1954년 이탈리아 남부지역의 한 마을을 9개월간 관찰했다. 이탈리아 북부주민들이 잘 사는데 남부 주민들은 남의 밭이나 경작하면서 가난을 벗어나지 못하는 지 원인을 밝히려는 것이었다. 문제는 남부 주민들이 서로를 신뢰하지 않기 때문에 공공의 이익이나 전체의 복리를 증진시키는 작업을 위해 힘을 합칠 수 없는 문화에 있었다. 이곳의 아버지들은 아들에게 염소를 몇 마리 갖고 있는지를 누가 물으면 모른다고 대답하라고 가르친다. 주민들은 병원에서도 어디가 아픈지 말하지 않는데 다른 사람에게 약점을 들키고 싶지 않아서라고 한다. 한 마디로 미국의 사회학자 로버트 퍼트넘이 말하는 사회적 자본의 핵심인 신뢰가 없는 사회인 것이다.

저자는 '일반신뢰'가 없는 사회는 생활수준이 낮고 사망률은 높다는 연구결과를 제시한다. 일반신뢰란 처음 보는 두 사람이 서로를 신뢰하는 정도를 말한다. 이에 대비되는 개념을 '특수화된 신뢰'라고 한다, 가족, 민족, 직장동료 등 특정 집단 안에서만 통용되는 신뢰다. 특수화된 신뢰는 일반신뢰를 무너뜨린다. 나아가 특수화된 신뢰가 일반신뢰를 능가하면 끔찍한 사태가 발생한다. KKK(Ku Klux Klan, 백인우월주의단체)나 조폭 등이 전형적인 예다. 이탈리아 남부의 낙후는 특수화된 신뢰가 일반신뢰를 압도하는 탓이라는 것이다.

이탈리아 남부가 남의 이야기로 들리지 않는다. 신뢰자본의 부족이라면 한국사회도 만만치 않다. 특유의 정치 과잉과 당파성에 디지털 기술이 접목되면서 특수화된 신뢰가 득세하고 있다. 언제부터인가 누가 의견을 제시하면 사실성과 의미를 따지기 전에 보수인지 진보인지, 출신지가 어디인지부터 확인하는 사회가 돼버렸다.

프로슈머가 된 대중까지 가세해 쏟아내는 정보를 선택적 노출을 통해 편식하며 '끼리끼리 소통(enclave deliberation)'하고, 현실 또는 사실과 다른 자기들만의 기만적 합의, 즉 '거짓일치(false consensus)'를 만들어냄으로써 여론의 극단화와 파편화를 부르고 있다. 그 중심에서 춤을 추는 것이 '이기적 진실'이다. 그 책임을 미디어에게만 돌릴 수는 없다. 대중, 바로 우리의 문제로 직시해야 한다.

<걱정되는 디지털 시대의 여론>
프로슈머의 시대, 정보의 범람 → 정보 편식, 선택적 노출 → 끼리끼리 소통, 고립된 숙의 → 편향동화, 거짓 일치 효과 → 집단 극단화, 여론 파편회

보이는 것이 전부다

세 번째는 대니엘 카너먼의 『생각에 관한 생각』이다. 이 책 역시 제목부터 심상치 않다. 사람의 생각을 생각해보자는 취지이다. 여기서 생각은 인지능력을 말한다. '외부 자극을 받아들이고, 저장하고, 인출하는 일련의 정신 과정으로서 지각, 기억, 상상, 판단, 추리를 포함해 무언가를 안다는 것을 나타내는 포괄적인 용어'이다. 그런데 이 생각이 우리가 생각하는 것만큼 스마트하지 않다는 것이다. 통조림 깡통 속에 갇혀 있는 사람들의 모습을 담은 책 표지도 그걸 암시하고 있다. 『생각에 관한 생각』은 앞선 두 책이 지적한 사람들의 수많은 판단과 행동의 오류가 근본적으로 어디서 비롯되는지를 설명해준다.

이 책이 매력적인 것은 내용의 무엇 하나 허투루 다룬 게 없다는 점이다. 구체적인 사례와 실험으로 가득 차 있어 700쪽이 넘는 '벽돌책'이지만 술술 재미있게 잘 넘어간다. 카너먼은 노벨 경제학상 수상자이다. 심리학과 경제학을 완벽하게 융합했다는 '전망이론(prospective theory)'으로 2002년 수상했다. 원래 심리학자인 사람이 경제학상을 받은 것은 그가 처음이다. 2005년에는 이스라엘 국민이 생각하는 '역사상 가장 위대한 이스라엘인'으로 선정됐고, 2011년에는 <블룸버그>가 선정한 '세계 금융 분야에서 가장 영향력 있는 50인'에 포함됐다.

생각에 관한 생각

원서명. Thinking, Fast and Slow
저자. 대니얼 카너먼 Kahneman, Daniel
출판사. 김영사
출간시기. 2018
쪽수. 727
정가. 25,000

#1. 스티브는 매우 수줍어하고 소심한 성격이다. 착하고 성실하지만 주변이나 다른 일에 특별한 관심을 보이지 않는다. 온순하고 착하며 예의 바르며 정리정돈을 잘하며 깔끔하다. 세밀한

부분까지 열정적으로 점검하고 꼼꼼하다. 스티브는 도서관 사서나 농부, 둘 중 어떤 사람이 될 가능성이 높을까? 아마 십중팔구는 스티브는 전형적인 사서 스타일이라고 단정 지을 것이다. 필자가 대학 강의에서 학생들에게 이 질문을 던졌을 때도 늘 같은 결과가 나왔다. 그러나 미국의 농부 숫자는 사서보다 20배 많다는 사실을 떠올려보라. 농부가 사서보다 훨씬 많기 때문에 '온순하고 착하며 예의 바르고 정리정돈을 잘하는 사람'은 도서관 책상보다 트랙터에 앉아서 일할 가능성이 훨씬 높다고 생각하는 게 합리적이다.

사서라고 답한 사람들이 갖고 있던 사서에 대한 이미지는 어디서 온 것일까? 일부는 사서와의 친분으로 직접 학습한 경우가 있겠지만, 대부분은 미디어가 드라마 등을 통해 만들어준 것일 공산이 크다. 미디어의 설정과 현실은 다를 때가 많다. 항상 의심해봐야 한다. 그렇다면 먼저 통계를 보는 것이 오판을 줄이는 길이다. 바로 기저율(base rate) 파악이다. 농부와 사서직 종사자 수를 따져봐야 했지만, 사람들은 그런 수고가 번거로웠을 것이다.

#2. 사람들은 정치인과 의사, 변호사 중 정치인들이 성매매

를 더 많이 저지른다고 생각하는 경향이 있다. 하지만 이것도 근거가 분명치 않은 선입견이다. 정치인의 일탈은 의사 또는 변호사의 그것보다 자주 보도되기 때문에 많아 보일 뿐이다. 정치인은 대개 국민의 세금으로 월급을 받는 공인이고 유명인이기에 뉴스거리가 되지만 전문직 종사자일 뿐 일반인인 의사와 변호사는 그렇지 않은 것이다. 결정적으로, 정치인이 의사와 변호사보다 범죄를 더 저지른다는 통계는 발표된 적이 없다.

이 두 가지 케이스는 사람이 얼마나 쉽게 잘못된 생각을 하고 판단을 내리는지 보여준다. 스스로는 객관적, 합리적이라고 생각하지만 실은 그렇지 못한 우리들의 자화상이다. 책은 다양한 실험과 통계로 뒷받침되는, 인지체계의 수도 없는 구멍을 보여준다. 인정하지 않을 수 없는 불편한 진실이다.

저자는 이렇게 되는 이유가 우리 머릿속의 '시스템 1' 때문이라고 했다. 그에 따르면 생각의 과정에는 두 가지 시스템이 작동한다. 시스템 1과 시스템 2이다. 시스템 1은 자동적으로 빠르게 작용하는 시스템이다. 제한된 경험을 토대로 한 직관이자 선입견이고, 편향이라고 할 수 있다. 월터 리프먼이 말한 '머릿속 그림' 개념과 비슷하다. 리프먼은 사람은 이걸로 먼저 결론을 내려놓고 상황을 본다고 했다. 시스템 1의 특징은 사용에 힘이 들지 않는다는 것이다. 하루 종일 써도 머리가 아플 일이 없다. 거의 혹은 전혀 에너지가 사용되지 않고 자발적인 통제에 대한 감각도 없다. 그냥 습관적으로, 기계적으로 판단하면 되기 때문이다. 이른바 '간편 추론'이다.

사람들은 생래적으로 새로운 지식이나 정보를 받아들이는 것을 피곤하게 여긴다.

'인지적 구두쇠(cognitive miser)'인 것이다. 우리가 모두 공부하기 싫어하는 이유도 거기에 있다. 더구나 나의 이해와 직접 관련이 없는 바깥의 세상사에는 더 그럴 것이다. 단편적 관련 경험 한 두 개를 떠올려 결론짓거나 아예 남의 말을 자기 것인 것처럼 갖고 온다. 시험공부를 한다든지 불가피한 상황에 처하지 않으면 시스템 1으로 대처하고 넘어가는 게 보통이다.

반면, 시스템 2는 복잡한 계산을 포함해 노력이 요구되는 정신활동에 관심을 할당한다. 이성과 합리성이 작용하는 분석과 계산, 통찰 등을 담당하는 데 유감스럽게도 느리고 게으르며 쉽게 지친다. 시스템 2의 활동으로 우리의 머리가 뜨거워지는 시간은 하루에 얼마나 될까? 당장 먹고사는 문제에 봉착했을 때를 빼고 말이다. 정말 얼마 되지 않을 것 같다. 저자도 "사람들은 상당한 경우 시스템 1이 작동해 문제의 성격 또는 중요성을 판단해 버린다"고 말한다. 특히 'out of reach, out of sight, out of mind'라는 리프먼의 통찰 중 'out of mind', 즉 사느라고 바빠서 세상사에 관심을 두지 못하는 사람들이라면 두 말할 필요가 없을 것이다.

물론 시스템 1이 매번 오류를 일으킨다는 의미는 아니다. 저자는 "편견과 실수를 다룬다고 해서 인간 지능을 폄하하는 건 아니다"라며 "다만 인간은 자신의 직관과 기호에 의존해 행동을 정당화하지만 그 결과가 항상 옳지는 않다는 것을 보여주려는 것"이라고 말한다. 참고로, 시스템 1의 능력을 입증한 실험도 제시되고 있다. 교수가 학생들에게 1초도 안 되는 짧은 시간 동안 정치인들의 선거운동 캠페인 팸플릿 사진을 보여주고 유능함을 평가하도록 했다. 그리고는 평가결과를 이후 미국 상하의원 및 주지사 선거 결과와 비교했더니 약 70%의 당선자들이 유능함 면에서 학생들에게 높은 평가를 받았던 얼굴을 가진 인물이었다. 직관의 힘이다. 이는 핀란드 총선, 영국 위원회 선거, 호주와 독일과 멕시코의 다양한 선거결과를 통해서도 확인됐다. 그럼에도 책의 메시지는 분명하다. 사람들이 많은 시간 의존하는 시스템 1은 심각한 결함을 수반한다는 것이다. 대중의 세상 읽기와 여론 형성이 허술하고 위험하게 이루어지고 있음을 암시하고 있다. '천재'로 불려도 손색이 없을 법한 저자가 안내하는 시스템 1의 세계로 더 들어가 보자.

#3. 방망이와 공을 합친 가격은 1달러 10센트. 방망이의 가격이 공의 가격보다 1달러 비싸다. 그렇다면 공의 가격은? 5초 안에 대답해야 한다. 답은 10센트! 아니다 5센트다. 공이 10센트라면 공과 방망이를 합친 가격은 1달러 20센트가 된다. 수천 명이 넘는 미국 대학생들이 이 문제를 풀었는데 하버드, MIT, 프린스턴 학생들 중 절반 이상이 직관적인 대답, 즉 오답을 내놨다. 수많은 사람들이 과도한 자신감을 갖고 직관을 믿는 경향을 보인다. 근육이 수축되고 동공이 확대된 상태에서 불과 조금만 정신적 노력을 기울이면 실수를 피할 수 있었을 텐데 그들은 지적 노력을 즐기지 않고 최대한 피하려 했다. 시스템 2의 게으름이다.

#4. 뉴욕대학생들에게 다섯 단어를 주고 네 단어로 된 문장을 만들도록 한 다음 한 그룹에 Florida, forgetful, bald, gray, wrinkle 등 노인을 연상시키는 단어를 주었더니 과제를 마친 해당 그룹 학생들은 다른 실험에 참가하기 위해 복도를 걸어갈 때 다른 학생들에 비해 훨씬 천천히 걸었다. 앞에서 본 적이 있는 케

이스이다. 짧은 시간 동안 제시된 몇 개 단어의 의미에 학생들이 쉽게 영향을 받아 관련된 생각이 활성화되는 것을 보여주는 실험결과이다. 이를 '점화효과(priming effect)'라고 말하며, 선거판의 홍보 전략이나 여론조사, 광고에서 자주 쓰이는 기법이라고 설명한 한 바 있다.

'인지적 편안함(cognitive ease)'은 시스템 1이 가장 좋아하는 놀이터이다. 반복된 경험(기억), 깔끔한 시각 효과, 점화된 생각, 좋은 분위기는 인지적 편안함을 느끼게 하며 이것은 바로 '익숙한 것=진실=좋은 것=쉬운 것'이라는 평가를 내리게 한다. 그러나 실제로 그렇다는 보장은 없다. 세상사는 그렇게 단순하지도, 깔끔하지도 않다. 시스템 1은 그런 점에서 인식의 함정이다. 우리는 함정에 빠져 제대로의 세상을 보지 못하면서도 아닌 줄 아는 '우물 안 개구리'일지 모른다.

#5. 두 사람 중 누구에게 더 호감이 가는가?

알렌 : 똑똑하다 -근면하다 -충동적이다 -비판적이다 -고집스럽다 -질투심이 많다.

벤 : 질투심이 많다 -고집스럽다 -비판적이다 -충동적이다 -근면하다 -지적이다.

벤과 알렌은 같은 성격의 인물이다. 하지만 대부분의 사람은 벤보다 알렌에게 더 호감을 느낀다. 위 목록의 앞에 나온 특징들은 나중에 나오는 의미를 바꿔놓기 때문이다. 똑똑한 사람의 고집은 정당화되고, 존경심을 불러일으킬 수도 있지만 질투 많고 고집 센 사람이 똑똑하면 위험하게 보인다. 바로 '후광효과(halo effect)'이다. 첫 번째 인상의 비중이 크기 때문에 순서가 중요하다. 나중에 나오는 요소들은 앞서 등장한 것이 마음에 들면 모조리 좋아 보인다. 대통령의 정치철학이 좋으면 그의 목소리와 외모도 실제와 관계없이 멋있게 생각되는 것과 같은 이치이다. 중요한 것은 둘이 같은 성격의 소유자라는 사실이다.

#6. 다음은 미국 샌프란시스코 과학관을 방문한 사람들에게 던진 두 가지 설문.

① 세상에서 가장 큰 삼나무의 높이는 1,200피트를 넘을까, 넘지 않을까?

② 세상에서 가장 큰 삼나무의 높이는 180피트를 넘을까, 넘지 않을까?

대답을 집계한 결과 ①번 질문을 받은 집단의 추정치 평균은 844피트, ②번은 282피트가 각각 나왔다. 왜 이런 편차가 발생했을까? 짐작하는 대로이다. 설문에 제시된 1,200피트, 180피트에 영향을 받은 것이다. 필자도 세상에서 가장 큰 삼나무의 높이를 모른다. 책에도 정답이 나와 있지 않다. 아마 방문객들도 정확한 높이를 모르는 상태에서 주어진 수치를 중심으로 얼마를 더하든지 빼든지 하는 방법으로 높이를 추정했을 가능성이 높다. 앞을 보지 못하는 사람이 손을 더듬어 코끼리를 만지면서 코끼리의 모습을 추측하는 식이다. 코를 만진 사람은 길다고 하고, 귀를 만진 사람은 넓적하다고 하고, 꼬리를 만진 사람은 짧고 끝이 뾰족하다고 했을 것이다. 군맹상평(群盲象評)이라는 사자성어도 있다. 이것이 닻을 내린 곳에 배가 머물 듯 처음 입력된 정보가 정신적인 닻으로 작용해 이후 판단에 계속 영향을 미친다는 '닻 내림 효과(anchoring effect)'이다.

세상과 미디어는 항상 "보이는 것이 전부(What you see is all that is)"라고 말한다. 그러니 고민할 것 없이 보이는 대로, 잡히는 대로 판단하면 된다고 속삭인다. 그들은 우리 머릿속에 어떤 그림이 그려져 있는지도 잘 알고 있다. 거기에 부합하는 상황을 만들어 보여준다. 이걸 머릿속 그림을 바탕으로 판단하면, 인지적 편안함을 느끼면서 간편하게 앞뒤가 딱 맞아 떨어지는 정합적 스토리를 만들 수 있다. 아이러니하게도 우리는 아는 게 적을수록, 퍼즐에 비유하면 맞출 수 있는 조각의 숫자가 적을수록 오히려 자신감과 확신을 주는 이야기를 만들기 쉽다. 그러나 이 자신감과 확신은 느낌일 따름이며, 인지적 편안함이 반영된 결과일 뿐이다. 저자는 이를 '정당성의 착각(illusion of validity)'이라고 부른다.

　보이는 대로, 또 머릿속에 떠오르는 대로 판단하면 더 중요한 역할을 해야 하는 증거를 누락시키며, 전체가 아닌 한 부분을 부각시키는 '프레이밍 효과(framing effect)'에 쉽게 넘어간다. 앞서 부끄러움을 많이 타고 소심한 스티브의 문제를 대할 때 생생한 성격 묘사에 생각을 빼앗겨 미국에는 사서보다는 농부의 수가 훨씬 많다는 통계적 사실, 즉 기저율을 따져보지 못한다.

　사람들은 또 특정 사건이 머릿속에서 얼마나 쉽게 떠오르느냐에 따라 발생빈도와 중요도를 판단하는 경향이 있지만, 현실과 거리가 있는 경우가 비일비재하다. 할리우드 유명배우의 이혼과 정치인 성매매와 같은 주의를 끄는 사건, 비행기 추락사고 등 극적인 사건, 개인적 경험이나 생생한 사례는 잘 떠오르고 때로는 공포감을 주지만 그렇게 빈번히 일어나는 사건은 아니다. 이것이 '가용성 편향(availability bias)'이다. 여기서 벗어나기 위해

선 "이웃지역에서 최근 일어난 몇 차례 절도사건을 보고 10대 절도가 심각한 문제라고 믿는 게 옳을 걸까?" 혹은 "지인들 중 작년에 독감이 걸린 사람이 없기 때문에 예방접종을 할 필요가 없다고 생각하는 게 옳을 걸까?"와 같은 질문을 던지며 인상과 직관을 재고하는 노력을 기울여야 하지만, 쉽지 않은 일이다.

이 연장선상에서 '가용성 폭포(availability cascade)'의 개념이 소개된다. 이는 자기자족적(self-sustaining) 사슬이다. 비교적 소소한 사건에 대한 위험보도가 대중의 관심을 사서 대중이 흥분하고 이런 반응이 다시 보도거리가 되고 그 결과 더 큰 걱정과 관심이 생긴다. 이런 주기는 어떤 의도를 가진 개인 혹은 조직들 때문에 가속도가 붙기도 하고, 언론의 기사경쟁의 와중에 위험성이 더욱 과장된 보도가 나온다. 이 상황에서 위험이 과장됐다고 주장하는 사람은 뭔가를 악랄하게 은폐하려는 사람으로 의심받는다.

저자는 '외부 관점(inside view)'이 결코 '내부 관점(outside view)'를 이기지 못한다고 말한다. 사람들은 대개 자신이 처한 구체적 환경에만 집중하며, 경험 속에서만 증거를 찾으려 한다. 도널드 럼스펠드 전 미국 국방장관의 유명한 말처럼 '알려지지 않은, 알려지지 않은 것들(unknown unknowns)'에 대해 좀처럼 감안하지 않는다는 것이다. 게다가 나중에 외부 관점, 즉 기저율 정보와 전임자의 경험 등을 접한다 해도 그것이 내부 관점과 어울리지 않으면 무시한다.

저자는 자신이 참여한 이스라엘의 새로운 커리큘럼 집필 과정에서 외부 관점을 살피지 않고 작업 기간을 1년 반~2년 반으로 잡았지만, 결국 8년이 걸렸던 경험을 소개하고 있다. 노벨경제학상 수상자도 이런 실수를 범했다. 내부 관점의 오류는 낙관적 편향에 따른 것이다. 우리는 세상이 실제보다 더 관대하고 우리의 특성에 우호적이며, 목표는 달성 가능하다고 여긴다. 또한 사회와 시장은 낙관주의에 후한 점수를 준다. 사람과 기업은 진실을 말하는 사람보다는 위험할 정도로 허위 정보를 제공하는 사람에게 더 큰 보상을 하기도 한다. 분명한 것은 자신감이 '정직한 불확실성'보다 인정받는다는 사실이다. 이것은 누그러뜨릴 수는 있지만 완전히 없앨 수는 없는, 시스템 1이 만든 결과물이다. 물론 이를 뒷받침하는 정보의 질과 양은 충분치 않다. 이야기의 정합성이 낙관을 만들어 내고 있을 뿐이다.

저자는 시스템 1은 쉽게 수정되거나 교육될 수 없다고 말한다. 스스로도 이 문제를 연구했음에도 전처럼 거기에 자주 빠져들고 있다고 고백하고 있다. 빠져나오기 어려운 본능의 동굴 같은 느낌을 준다. 그는 시스템 1에서 비롯되는 오류를 막는 방법은 자신이 인지적 지뢰밭에 있다는 신호를 인식하고, 속도를 줄이고 시스템 2에 더 많은 도움을 요구하는 것이라고 조언하면서도, 이런 절차는 가장 필요할 때 정작 지나치게 된다며 현실성에 회의를 표시한다. 결국 누구든 자신이 오류를 저지를 때마다 울리는 경고 벨을 갖고 싶어 하지만 그런 벨을 구할 수는 없다고 말했다. 다만, 조직은 개인보다 천천히 생각하고 질서정연한 절차를 밟을 수 있는 힘을 갖고 있기 때문에 오류를 조금 더 잘 피할 수 있을 것으로 봤지만, 필자는 이 역시 "글쎄"라고 말하고 싶다.

어떤가? 유쾌한 지적 자극을 받은 기분이 들지 않는가? 말했던 대로, 책의 분량은 부담스럽지만 결코 지루하지 않다. 저자의 필치 또한 간명하면서 경쾌하다. 모든 사실과 전망을 '지배'하고 있는 사람만이 풍길 수 있는 여유가 행간에서 읽힌다.

시스템 1이 위력을 발휘하는 것을 두고, 심리학자인 조너선 하이트는 "감정이라는 꼬리가 합리적인 개의 몸통을 흔드는 격"이라고 말했다. 약간의 과장이 있지만, 이 책을 다 읽고 나면 인정하지 않을 수 없다. 거기서 조금이라도 벗어날 수 있는 방법이라곤 생각을 많이 하는 것이겠다. 천천히, 그리고 깊이. 그런데 저자도 말했듯이 이건 안타깝게도 늘 작동하는 장치가 아니다.

사람은 기껏해야 이 정도밖에 안 되는 존재라는 생각에 필자 얼굴에 실소(失笑)가 퍼진다. 냉소(冷笑)라고 해야 할까? 그래도 사람에 대한 탐구는 언제나 즐겁고 보람이 있다.

PART. V

Fake News

가짜뉴스

진짜 '가짜'의 습격

가뜩이나 혼란스러운 뉴스시장을 더욱 어지럽게 만들고 있는 것이 최근 등장한 '가짜뉴스(fake news)'이다. 사실관계가 부정확한 엉터리 뉴스, 심한 정파적 보도, 선정적 기사 등을 저질 또는 저널리즘의 본령을 한참 벗어났다는 의미에서 '가짜뉴스'로 부르기도 했지만, 이 가짜는 성격이 다르다.

처음부터 보는 사람을 속이려는 의도를 갖고 만들어지며, 정치적 또는 상업적 목적이 뚜렷하다. 생산 주체는 주로 언론 밖 집단이나 개인으로 여겨진다. 요즘 들어 기성 언론이 생산하는 뉴스 가운데도 의도와 목적이 담긴 가짜뉴스가 포함돼 있거나, 있을 수 있다는 관점이 부상하고 있는데 이 문제는 뒤에서 따로 다룰 예정이다. '기성 언론(legacy media)'란 웹 기반의 미디어 플랫폼과 대비되는 신문이나 지상파방송, 케이블TV, 라디오 등의 '전통 미디어'를 말한다.

가짜뉴스가 문제가 된 것은 도널드 트럼프 후보가 대통령에 당선된 2016년 미국 대선이 기점이라는 게 정설이다. 이후 가짜뉴스로 인한 여론의 왜곡과 사회적 분열이 미국을 넘어 범세계적인 이슈로 떠올랐다. 세계 신문협회가 2017년 가장 주목할 이슈로 '가짜뉴스의 확산'을 선정했을 정도이다.

2016년 미국 대선에서 주로 온라인을 통해 유통됐던 가짜뉴스는 기성 언론의 기사보다 더 많이 공유되고 더 강력한 파급력을 보였다. 예컨대 프란치스코 교황이 트럼프의 지지를 선언했다는 가짜뉴스가 96만 건, 상대 후보인 힐러리 클린턴이 IS에 무기를 판매한다는 것이 79만 건, 클린턴이 개인 이메일로 국가기밀을 주고받은 혐의로 기소될 것이라는 FBI의 첩보가 있다는 내용이 14만 건의 페이스북 조회 수를 기록했다. 대선기간 동안 유권자 1명이 1~3건의 가짜뉴스에 노출됐다는 연구결과(현윤진, 2018)도 있었다. 이런 보도에 득을 본 사람은 그 내용을 보면 알겠지만, 트럼프 후보였다. 트럼프는 국내 주류 언론의 기피인물로 시종 융단폭격을 받았지만, 극단적 언행과 전략으로 지지층을 강고하게 결집한 토대 위에 가짜뉴스의 도움을 받아 드라마틱한 승리를 거머쥘 수 있었다.

가짜뉴스 바이러스는 미국 대선 이후 유럽으로 번졌다. 2017년 프랑스 대선을 비롯해 6월 영국 총선, 9월 독일 총선에서 기승을 부렸다. 특히 독일은 SNS를 통한 조직적 가짜뉴스 생산과 확산의 배후에 극우세력을 규합해 내부 갈등을 증폭시키려는 러시아가 있는 것으로 판단, 벌금까지 내걸고 가짜뉴스와의 전쟁을 선포했다.

국내에서는 2016년 박근혜 전 대통령 탄핵과 2017년 조기 대선이 분수령이 됐다. 다양한 종류의 가짜뉴스가 이때 쏟아져 나왔고 고소·고발이 이어지는 등 혼란이 야기됐다. 대선에서 문재인 후보의 아버지가 반공포로였다, 안철수 후보가 설립한 안랩이 투표 분류기를 만들었다는 식의 가짜뉴스가 포털과 SNS를 통해 확산됐다. 대선 이후 조사에서 유권자의 32.3%가 가짜뉴스를 접한 경험이 있다고 답했다.

가짜뉴스를 다룰 때 또 한 가지 반드시 짚어봐야 할 심각한 문제가 있다. 가짜뉴스와 유통 환경의 관계이다. 미국이나 우리나라나 가짜뉴스의 운동장은 SNS와 포털 등 뉴스 플랫폼이다. 플랫폼은 그야말로 세상의 모든 뉴스가 빠른 속도로 모였다가 공유되고, 사라지는 곳이다. 언론진흥재단의 2018년 조사에 따르면 우리 국민의 77%가 뉴스를 소비하는 장소이기도 한다. 지금은 그 비율이 더 높아졌을 것이다. 하지만 플랫폼은 가짜뉴스를 어찌할 수 없다. 기본적으로 포털 등에게 가짜뉴스를 가려내라고 요구하는 것부터 비현실적이다. 포털은 뉴스내용에 대한 법적 책임이 없다. 언론인과 학자들도 가짜뉴스를 판별하는 게 쉽지 않은데 포털은 그런 일을 할 수도, 할 필요도 없다. 플랫폼 관계자들은 네티즌들의 트래픽을 늘려 파생 수입을 올리면 그만이다. 페이스북의 경우 문제가 발생할 때마다 "우리는 플랫폼이지 미디어가 아니다. 제3자가 플랫폼에서 무슨 일을 하든 우리는 책임이 없다"고 주장해왔다. 가짜뉴스임이 드러난다 해도 그에 대한 처리는 포털이 아니라 생산자와 피해자의 몫이다. '혐의가 있는 미디어'를 색출해 사전에 포털 진입을 막는 것도 방법이 될 수 없다. 언제, 어디서, 누구에 의해 가짜뉴스가 흘러들어올지 예측이 어렵기 때문이다. 가짜뉴스 대응은 보이지 않는 적들과의 싸움이다.

포털은 앞으로도 문을 열어놓고 변함없는 유통수익, 광고수익을 챙길 것이다. 가짜뉴스가 창궐을 가능케 하는 환경이 상수(常數)로 제공되고 있는 셈이다. 가짜뉴스 문제를 해결하려면 개별적인 가짜뉴스 시비에 매여 있을 게 아니라, 이 지점에 주목해야 한다고 생각한다. 대다수 소비자가 모여 있는 시장에 손을 대는 일은 "빈대 잡으려고 초가삼간 태운다"는 우려를 살 수도 있지만, 이를 뺀 대책은 공허하게 들린다.

가짜뉴스를 퇴치해야 하는 거시적 이유는 허위사실이 개인의 정치적 의사결정을 왜곡해 여론에 의해 작동되는 민주주의를 훼손하기 때문이다. 미시적으로는 정보 편향성과 선정성 때문에 수용자들이 믿고 싶은 것만 믿게 만드는 '확증편향'을 강화하는 게 문제이다. 또 특정 개인과 집단을 공격하고, 증오와 혐오를 조장하는 허위사실이 이념, 지역, 종교, 성별 그리고 세대 간 갈등을 증폭시킨다. 국내 가짜뉴스가 초래하는 경제적 비용이 당사자 피해액 22조 7,700억 원, 사회적 피해액 7조 3,200억 원 등 연간 30조 900억 원에 달할 것이라는 추정(현대경제연구원, 2017)도 나와 있다.

뉴스 형식을 차용한 거짓 정보로서의 가짜뉴스가 이슈화 된 것은 몇 년이지만, 의도를 가진 거짓 정보의 유통 역사는 길다. 이는 고대 로마시대로부터 흔적을 발견할 수 있다. 국제언론인연맹은 기원전 44년 로마의 초대 황제가 된 아우구스투스가 집권을 위해 퍼뜨린 거짓 정보를 가짜뉴스와 유사한 최초 사례로 제시한 바 있다.

  황제로 등극하기 전 옥타비아누스란 이름으로 불리던 아우구스투스는 최대 정적이던 안토니우스를 제거하기 위해 동전을 이용해 가짜 캠페인을 벌였다. 개선 장군이미지를 새긴 자신의 초상을 담은 동전과 안토니우스와 클레오파트라의 방탕한 생활을 담은 동전을 유통시킨 것이다. 1830년대 유행했던 미국의 '페니 프레스(penny press)'를 가짜뉴스의 산실로 보는 견해도 있다. 페니 프레스는 1페니만 주면 살 수 있는 신문이라는 뜻으로, 한창 성장하던 노동자 계층을 주 대상으로 '황색 저널리즘'을 표방했다. 이 부류의 <뉴욕선(New York Sun)>이 보도한 '달에 괴생명체가 산다'는 시리즈 기사가 대표적이다. 이는 오늘날 가짜뉴스와는 내용과 형식에서 다소 차이가 있지만, 판매부수를 늘리기 위한 상업적 의도에 따라 만들어진 허위 사실이라는 점에서는 공통점이 있다.

뭐가 가짜뉴스인가?

가짜뉴스 정의에 대한 학계 및 언론계의 합의는 아직 완전하지 않다. 연구가 시작된 지가 몇 년 되지 않았고 '변종'이 속속 출현하고 있는 까닭으로 보인다.

하지만 지금까지 다수의 선행연구를 종합하면 대체로 '상업 또는 정치적 목적을 달성하기 위해 기사 형식으로 유통되고 있는 허위 사실'로 모아진다. 언론진흥재단은 2018년에 '정치, 경제적 이익을 위해 누군가 의도적으로 언론보도의 형식을 빌어 유포한 거짓 정보'로 규정했다. 현대경제연구원도 '상업적 또는 정치적 의도를 가지고 전통적 뉴스 매체나 소셜미디어를 통해 전파되는 거짓 정보 또는 의도적 잘못된 정보'라는 정의를 내렸다. 이에 따르면 가짜뉴스 구성요건은 허위성과 목적성, 기사형식 차용 등 세 가지가 된다.

현실에서는 가짜뉴스라는 말은 이보다 훨씬 다양한 의미로 쓰인다. 언론보도 영역을 넘어 정치 및 사회 전반에 걸쳐 흘러 다니는 정확하지 않은 정보를 포괄적으로 지칭하는 개념으로 사용된다. 여야 간 공방에서 상대 주장의 사실관계가 조금 어긋나 있거나 마음에 들지 않을 때 가짜뉴스로 낙인찍는 풍경을 자주 볼 수 있다. 이러한 기준을 적용하면 기성 언론이 생산하는 오보와 왜곡, 과장 기사부터 풍자와 패러디, 기사형태의 광고와 가짜 사이트 기사에 이르기까지 종류가 매우 많아진다.

반대로, 가짜뉴스라는 용어 자체가 모순이라는 비판도 있다. 뉴스는 다소 부족함이 있을망정 공정성과 객관성 등에 기반해야 하는데 이를 명시적으로 깡그리 부정하는 의미인 '가짜'가 어떻게 뉴스라는 개념과 결합할 수 있느냐는 것이다. 일리 있는 지적이다. '허위정보'로 하자는 요구도 있다. 하지만 이 글은 가짜뉴스에 관한 논문이 아니므로 더 깊이 파고들지 않겠다.

어찌됐든 학계의 연구 흐름과 일반의 사용관행은 위에 언급한 세 가지 포인트(허위성, 목적성, 기사형식 차용)에 주목하는 쪽이다. 그러니까 기자의 단순 실수에 따른 것으로 간주되는 오보를 포함한 오정보(misinformation)와 사실을 비틀지만 수용자가 사실로 받아들일 확률이 높지 않은 풍자적 뉴스(satirical news)와 가십(gossip), 그리고 거짓으로 추정되지만 종종 사실로 드러나기도 하는 루머(rumor) 등은 가짜뉴스 범위에서 빠진다. 이 역시 뉴스시장을 혼란스럽게 만드는 요인들이지만, 기만 의도와 목적성이 상대적으로 강하지 않다는 게 전문가들의 판단이다.

시장혼란의 종합판

가짜뉴스가 생산되고 유통되는 원인을 잠시 살펴보고 가겠다. 원인은 생산자와 환경, 두 가지 측면으로 나누어 볼 수 있다.

가짜뉴스 생산자가 노리는 것은 두 가지이다. 경제적 실익과 정치적 목적이다. 수입의 원천은 온라인 광고다. 사람들의 시선을 자극하는 낚시성 가짜뉴스를 만들어 사이트에 게재한 뒤 구글 애드센스(AdSense)와 같은 광고 프로그램을 달면 방문자 수에 따라 수익이 발생한다. 적은 비용으로 가짜뉴스를 제작해 트래픽을 유발시키고 이를 실시간 광고 등과 연계시켜 수익을 챙기는 구조이다. 플랫폼 중심의 뉴스 소비 세태가 이에 속도를 붙여주고 있다.

국내 업자들 수입이 어느 정도인지는 정확히 알 수 없다. 통계가 잡히지 않기 때문이다. 미국은 꽤 쏠쏠한 것으로 알려졌다. <가디언>에 따르면 광고 전공자 2명이 운영하는 <리버티 라이터스 뉴스>라는 가짜뉴스 사이트는 매월 최대 4만 달러의 수입을 올렸고, 인터넷 도메인을 5달러에 구입해 15분 동안 가짜뉴스를 만들어 5,000달러를 벌어들인 사람도 있다. <NBC>는 이런 수익창출을 '현대판 골드러쉬(modern gold rush)'라고 불렀다.

우리나라에서는 가짜뉴스가 정치 공작의 도구로 유통되는 경향이 있다. 유리한 여론조성과 상대 후보 비방, 편 가르기 등이 목적이다. 대개 '흑색선전' 콘텐츠라는 뜻이다. 그 배후에는 사회의 정치 과잉과 이념적 양극화가 자리 잡고 있다.

이는 많든 적든 수익창출로 이어지기도 한다. 자신의 입장과 맞는 자극적 가짜뉴스를 골라 수용하는 '선택적 노출', '확증편향'의 시장이 형성돼 있기 때문이다. 미디어의 상업주의와 정파성을 분석하면서 언급했듯이 이 둘은 밀접하게 연결돼 있다. 정파성 강한 뉴스는 좋은 돈벌이 수단이다. 거기서 한발 더 일탈하면 가짜뉴스가 되는데 편향이 심한 수용자들에게는 더 환영받을 수 있다.

다음은 환경적 원인이다. 첫째는, 이미 말했듯이 플랫폼의 중심으로의 뉴스 소비패턴 변화이다. 이로 인해 시장 진입장벽이 낮아져 누구라도 손쉽게 뉴스 혹은 뉴스 형태의 정보를 만들어 유포할 수 있다. 대중은 필요한 정보 접근과 생산 기술을 갖춘 '프로슈머'들이다. 그러나 이들이 올리는 정보는 게이트 키핑이나 팩트 체크, 데스킹 등 여과 장치가 작동하는 기성 언론과는 달리 진위와 품질에 대한 확인이 불가능하다. 가짜뉴스는 이들과 섞여 쓸려 들어온다. 특히 주목되는 것이 확장일로의 유튜브 시장이다. 방송 형식을 차용해 얼마든지 가짜뉴스를 생산할 수 있다. 전문가들은 동영상에 대한 진위 판단이 텍스트보다 어렵기 때문에 더욱 문제라고 말한다. 분야별로는 정치·시사 콘텐츠의 혼탁 정도가 심하다는 데 이론이 없다.

SNS는 가짜뉴스의 확산을 촉진한다. 간편한 공유기능 때문이다. 이를 실증적으로 분석한 샤이넌의 2018년 연구에 따르면 트위터에서 가짜뉴스는 리트윗되는 비율이 진짜보다 70% 가량 높았다. 또 진짜뉴스는 1,000명 이상 이용자에게 전달되는 경우가 드문데 비해 도달률 상위 1%에 해당하는 가짜뉴스는 1,000명 ~10만 명에게 확산됐다. 이 중 정치 관련 가짜뉴스의 확산이 진짜보다 3배 정도 빨랐다.

우리나라에서도 비슷한 현상이 발견된다. 언론진흥재단의

2018년 조사에 따르면 가짜라고 판단되는 뉴스를 직접 받거나 본 경험이 있다는 응답자가 32.3%인데 이 중 76.3%가 포털, 페이스북, 카카오톡을 통해서였다고 답했다. 이는 가짜뉴스 소비가 성장일로의 디지털 시장을 기반하고 있기 때문에 향후 유통량이 더 커질 것임을 암시하고 있다. 이와 함께 가짜뉴스 신뢰도는 연령이 낮을수록, 정치적 이슈에 관심이 적을수록 올라갈 가능성이 있다는 연구(배영, 2017)도 있다. 다시 말해, 디지털 미디어에 대한 젊은 층의 우월한 접근성으로 인해 가짜뉴스의 파장이 시간이 흐를수록 넓어지고, 세상일에 신경 쓸 겨를이 없는 바쁜 현대인들에 대한 영향력이 커질 것이라는 뜻이다. 뉴스시장의 어두운 미래를 예고하는 증좌이다.

　뉴스 수용자의 인지적 문제는 앞서 길게 설명했으므로 간단히 말하겠다. 대중의 확증편향이나 탈진실 경향은 가짜뉴스가 쑥쑥 자라고 번식할 수 있는 비옥한 토양이 된다. 신념과 사실을 분리하지 못하거나, 분리를 포기한 사람에게 가짜뉴스는 거부할 수 없는 유혹이다. 이때 가짜뉴스는 기성 언론에서는 볼 수 없기에 그토록 찾아다녔던 '대안적 사실(alternative fact)'이다.

　여기서 빼놓을 수 없는 문제가 미디어 사용 양태의 변화이다. 네이버나 구글과 같은 대형 검색엔진은 우리가 어떤 정보 또는 분야에 상대적으로 많은 관심을 갖고 있는지 알고 있다. 개인의 검색기록이 축적돼 있기 때문이다. 이를 토대로 이용자의 시선을 끌만한 정보를 담은 초기화면을 제공하거나 콘텐츠를 제시한다. 정보 범람 속에 맞춤형 정보를 얻을 수 있도록 도와준다는 명목이지만, 취향에 맞는 정보에 반복 노출되기 때문에 고정 관념과 편견을 강화하는 부작용을 낳는다. 그래서 엘리 프레이저라는 학자는 이 상황을 현대인이 거대한 필터링의 거품 속에 갇혀 있다는 의미에서 '필터 버블(filter bubble)'이라고 명명했다. 사람들은 거품 안에서 새롭거나 다른 것을 접할 여지가 적고 자신에게 친숙한 생각에만 노출돼 그 외의 것은 아예 '미지의 영역(dark territory of the unknown)'으로 남긴다는 것이다. 결말은 사고의 극단화이고, 가짜뉴스 침투 공간의 확대이다.

둘째는 기성 언론과 보도에 대한 신뢰하락인데, 새삼스러운 문제가 아니다. 영국 옥스퍼드대학교 부설 로이터 저널리즘연구의 '디지털뉴스리포트 2020'에서 한국인들의 뉴스 신뢰도가 조사 대상 40개국 중 40위였다는 사실을 앞에서 이야기했다. 4년째 연속 꼴찌이니 대중이 엉뚱한 데서 대안을 찾는 게 이상한 일이 아닐지 모른다. 언론의 상업주의, 정파성, 정도를 벗어난 관행… 더 말하는 것도 입이 아프다. 여기서 궁금증이 생긴다. 뉴스

시장이 이토록 혼란스럽고 가짜뉴스가 춤을 추게 만든 선행(先行) 원인은 기성 언론의 신뢰추락일까? 아니면 대중의 편향적 뉴스 수용 등 인지적 파행일까? 쉽게 답이 떠오르지 않는다. 언론이 잘못했으니 다른 곳을 쳐다본다는 논리는 일견 타당하지만 그렇다고 대중의 책임을 간과할 수도 없다. 굳이 필자에게 대답하라면 후자 쪽이다. 전무후무하게 유능해진 대중의 '과유불급(過猶不及)'이 더 직접적으로 느껴지고, 앞으로의 파급력도 더 키울 것 같기 때문이다. 물론 언론의 자정과 혁신이 우선이고 효과도 빠를 것이라는 지적에 동의하지만, 문제의 진짜 해결은 비록 지난(至難)하더라도 시장에서 이뤄져야 가능하다는 믿음을 갖고 있다. 독자들의 생각은 어떨지 모르겠다.

기성 언론과 가짜뉴스

이 주제는 새롭고 논쟁적이다. 멀쩡한 언론사가 가짜뉴스를 생산하고 있을까에 대한 물음이니까. 물음이 제기된 것 자체가 혐의가 있다는 뜻이기도 하다. 수용자들은 "그렇다"는 생각이 더 많을 것 같다. 근거가 있다. 언론진흥재단의 2018년 조사에서 응답자의 81.8%가 '언론사가 생산하는 가짜뉴스도 있다'는 의견에 동의했다. 또 언론사 오보(65.2%)의 해악이 가짜뉴스(60.1%)보다 더 크고, 오보가 가짜뉴스라는 대답(84.7%)도 많았다. 하지만 이는 조각조각의 이미지를 갖고 감정적으로 판단할 문제는 아니다. 객관적인, 즉 다수가 인정하는 개념과 기준을 정하고 그에 따라 신중한 결론을 내려야 한다.

앞에서 정리했듯이 그 동안 학계의 다수설은 '상업 또는 정치적 목적을 달성하기 위해 기사 형식으로 유통되는 허위 사실'로 모아진다. 이 정의는 명시하지는 않았지만, 기성 언론의 기사를 범위에서 제외하는 뉘앙스를 풍긴다. 왜냐하면 언론사는 가짜뉴스의 세 번째 구성요소인 '기사형식의 차용'이 필요 없는 기관이기 때문이다. 기성 언론이 보도하는 방식이 보도방식이고 뉴스의 형식이다. 학자에 따라서는 아예 '언론사나 언론인이 아니면서'라는 생산주체를 정의에 포함시키기도 한다. 이와 함께 기성 언론의 보도에 하자가 발견된다 해도 처음부터 수용자를 속이려는 의도 여부에 대한 확인이 현실적으로 어려운 점도 이러한 정의를 내린 이유의 하나로 보인다.

그러나 학계의 의견이 이 방향으로 일치하고 있는 것은 아니다. 기성 언론을 포함시켜 생산한 기사들의 가짜뉴스 여부를 판별해야 한다는 학자들도 엄존한다. 또 고의가 아니더라도 허위정보를 유포한다면 가짜뉴스이고, 이에 대한 제재를 결정할 때 의도성을 참작할 수는 있어도 가짜뉴스의 최초 성립요건으로 요구하는 것은 타당하지 않다는 견해가 있다. 결과를 중시해야 한다는 논지이다. 해당 학자들의 논문을 통한 관련 언급을 아래의 표로 정리했다.

박한명(2017)	비록 공익 목적을 표방해도 기성 언론의 오보와 과장·왜곡 보도 역시 가짜뉴스 범주에 포함해야 한다.
박진우(2019)	고의적인 오보에 해당하는 왜곡보도 혹은 의도성을 가진 편향된 보도는 가짜뉴스로 보는 것이 합리적이다.
김익현(2017)	가짜뉴스를 '의도된 가짜'와 '매개된 가짜'의 두 가지 관점에서 접근할 필요가 있는데 기존의 주류 언론이나 미디어 매체를 통해 엉터리 주장이나 허위 사실들이 무차별적으로 유포되는 현상을 의미하는 매개된 가짜가 사회에 끼친 해악이 훨씬 컸다.
김종현(2019)	- 누구나가 허위정보를 작성해 다양한 경로로 신속하게 유포할 수 있는 현실을 고려할 때 가짜뉴스의 작성주체나 유통경로를 한정하는 것은 적절치 않다. - 가짜뉴스는 저널리즘의 윤리와 기준을 고수하는 전통적인 언론매체를 통해 생산되지 않는다는 견해도 있으나, 소정의 목적을 달성하고자 허위정보를 의도적으로 작성·유포하는 것은 기존 매체에 의해서도 얼마든지 자행될 수 있으므로 찬성하기 힘들며, 마찬가지 이유로 가짜뉴스를 정보통신망, 특히 소셜미디어를 통하여 작성·유통된 허위정보에 국한하기도 어렵다.
이은지, 김미경 등 (2019)	영국 BBC는 '가짜뉴스 가이드라인'에서 가짜뉴스는 "뉴스 매체의 공신력과 뉴스원의 신뢰성, 뉴스정보의 정확성, 뉴스정보의 원본성이 부족한 것"으로 규정하고 있다.
윤성옥(2017)	고의가 아닌 행위라고 하더라도 허위정보통 제작하여 유포한다면 가짜뉴스이며, 사후 제재수준을 결정할 때 의도성을 참작할 수는 있어도 가짜뉴스의 최초 성립요건으로 요구하는 것은 타당하지 않다.
박주현(2017)	왜곡보도(distorted report) 역시 언론사가 특정한 목적 아래 객관적 사실을 능동적으로 왜곡했다는 점에서 기만적 성격을 갖는다.

필자는 가짜뉴스의 작성주체나 유통경로를 한정하는 것은 적절치 않다는 주장에 공감하는 편이다. 아울러 가짜뉴스를 '의도된 가짜'와 '매개된 가짜'로 분류하고 기성 언론을 통해 유포된 '매개된 가짜'의 해악을 지적하는 의견도 설득력이 있다는 생각이다. 이는 "한국에서는 전문 사이트가 가짜뉴스를 생산하는 것보다 주류 언론이 사실 확인을 하지 않은 오보를 통하거나 정파적 입장에 따른 고의적 왜곡을 통해 가짜뉴스를 만들고 확산시키는 게 위험하다"는 지적(박진우, 2019)과 맥이 닿아 있다. 공신력 있는 언론의 그릇에 담긴 가짜뉴스가 유통된다면 파급력이 훨씬 클 수밖에 없기 때문이다. 또 다른 연구(최동섭, 1997)는 '주관적 오보'라는 개념을 제시했다. 이는 편파보도나 객관성, 공정성이 결여된 불공정 보도, 성급한 추리 혹은 속단에 기인한 해석 보도를 의미하는데 객관적 사실과 차이가 큰 보도라는 점에서 가짜뉴스로 인식될 가능성이 있다. 처음부터 속일 의도가 있었느냐 여부 역시 '결과주의'를 적용함으로써 법적·사회적 규제 범위를 넓히는 게 타당하다는 의견에 눈길이 간다. 결국 기성 언론의 상업주의와 정파성을 배경으로 취재 및 보도관행을 통해 구현되는 수많은 문제 보도, 즉 오보와 왜곡보도 가운데 가짜뉴스가 섞여 있을 가능성에 주목하는 언급들이다.

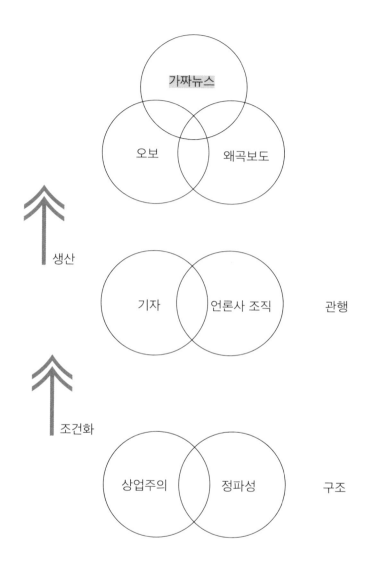

이를 설명하는 것이 한참 앞에서 보았던 이 그림이다. 그때는 가짜뉴스보다는 상업주의와 정파성, 관행에 집중했지만 그 결과물 중 하나가 될 수 있는 것이 가짜뉴스라는 것이다. 기성 언론과 가짜뉴스의 상관관계를 들여다 봐야할 이론적, 현실적 근거는 충분하다고 여겨진다.

하지만 분명한 것은 아직 없다. 우리는 기성 언론의 보도에 가짜뉴스가 포함돼 있을 개연성을 이야기한 것뿐이다. 이에 대한 학계의 연구도 거의 없다. 가짜뉴스 연구 자체가 2017년부터 본격화한 만큼 언론사 바깥에서 벌어지는 현상을 쫓아가기도 버거운 지경이라고 할 수 있다. 당연히 언론이 만들어내는 뉴스 중 "이 정도면 가짜"라고 할 만한 정의와 기준, 종류 등에 관해서는 연구실적이 없다. 따라서 현 단계에서 기성 언론이 만드는 가짜뉴스가 있다, 없다를 단정적으로 말할 수 없다. 단지 가짜뉴스의 사촌뻘로 보이는 오보와 왜곡보도는 많으니 혐의를 두고 있는 단계인 셈이다.

현장 언론인들의 생각은?

전·현직 언론인들의 생각은 어떤지 직접 물어봤다. 리얼한 현장 사례와 의견을 듣기 위해서이다. 그러나 자신이 몸담고 있거나, 젊은 시절을 보냈던 언론사가 가짜뉴스를 만들고 있는지에 대해 답하는 일은 결코 편하지 않은, 곤혹스러운 일이다. 실제로 질문을 던졌더니 손사래를 치면서 화제를 돌리거나 아예 "그런 주제라면 할 말이 별로 없다"며 만남을 사양했던 사람도 있었다. 고맙게도 10명이 시간을 내주었다. 모두 입사 20년이 넘은 중진 언론인들이다. 만남은 2020년 3월부터 두 달 간 이어졌다. 만남 전에 취지를 설명하고 질문 요지를 전달한 뒤 1~2시간 동안 식사 또는 차를 마시며 대화를 진행했다. 연구방법론으로 말하자면, 심층인터뷰 방식이다. 알아보고자 한 것은 가짜뉴스에 대한 그들의 인식이었다. 기성 언론의 가짜뉴스 생산여부와 분야, 정의 및 원인 등이다. 인터뷰 내용은 이와 같은 질문 순서대로 기술돼 있다. 솔직하고 생생한 '고백적' 대답이 예상보다 많이 나왔다. 응답자의 신상은 아래의 표로 정리했는데 내용의 민감성을 감안해 이름은 알파벳 이니셜로 처리하고 소속 언론사는 신문, 방송, 통신으로만 분류했다. 인터뷰 당시 분위기를 전하기 위해 그들의 말투를 그대로 살리면서 가급적 대화체로 답변을 정리했다.

분류	소속사	연령	직위(전.현직)	재직 부서
A	신문	50대	실장. 부장	정치, 사회, 국제
B	신문	60대	국장. 부장	사회, 정치
C	통신	50대	부국장. 부장	사회, 정치
D	방송	50대	실장. 부장	사회, 정치, 국제
E	신문	60대	국장. 부국장	정치, 사회
F	통신	50대	부국장. 부장	정치, 경제, 사회
G	신문	40대	차장	정치, 경제, 사회
H	신문	50대	논설위원. 부장	정치, 사회
I	신문	60대	실장. 부국장	정치, 사회
J	신문	50대	부국장. 부장	정치, 사회

응답 언론인들의 인식을 요약하면, 일부 신중론이 있었지만 다수가 기성 언론이 사실상 가짜뉴스를 생산하고 있다는 쪽에 무게를 실었다. 언론의 신뢰하락을 부른 오보와 왜곡보도 가운데 가짜뉴스로 규정할만한 보도가 포함돼 있다는 것이다. 사실을 왜곡하고 상황을 재구성한 정도가 심하거나 보도 량(量) 경쟁, 패거리 관행 등에 따라 사실 확인을 거치지 않은 무책임한 보도일 경우 가짜뉴스로 보는 것이 맞다는 지적이다. 하지만 허위의 정도, 의도성의 수준 등 구체적인 기준에 대한 의견 수렴되는 데까지 이르지는 못했다.

개별 응답을 살펴보자. 첫 번째로 기성 언론의 가짜뉴스 생산여부에 대한 시각이다. A는 지상파 방송과 유력 신문의 몇몇 보도를 꼽으면서 주류 언론의 가짜뉴스 생산이 큰 문제라고 주장했다.

"한국 언론이 정파적이고 선정적이 된 지 오래니까, 한심한 기사가 나온 지 오래됐으니 그 안에 가짜뉴스 같은 게 많이 있다고 봐야죠. 자기들 편집방향에 따라서 사실을 막 교묘한 방법으로 왜곡하고 비틀고 하고 있다고 언론계 내부에서도 서로 지적질을 하고 있잖아요. 기존 언론이 가짜뉴스와 관계없다는 말은, 가짜뉴스를 언론계 밖에서 일어나는 사건으로 보는 것은 말이 안

된다고 생각하는 사람들이 훨씬 많을 겁니다. 저도 그렇고." (A)

가짜뉴스는 특히 대형사건에 대한 속보경쟁 속에서 두드러진다는 답변이 많았다.

"데스크가 연일 몇 면을 할애해가지고 말야, 박근혜 탄핵 때와 비슷해. 취재도 안하고 모르는 상태에서 막 써야 되는 상황. 정당 사람들한테 들은 얘기, 기자들끼리 했던 얘기, 확인이 어딨어, 그대로 쓰는 거지." (B)

"멀쩡한 언론에서도 엉터리 기사다, 오보다, 왜곡보도다 뭐 이런 이름으로 많이 나오는데 그런 것들이 삐끗하면 가짜뉴스가 되는 거 아닌가요. 조국 사태, 박근혜 탄핵 때도 그렇고 기사들이 폭주하다보면 별의별 게 다 나오는데 속보 경쟁, 지면 경쟁을 하다보면 안 쓸 수가 없는, 이게 말도 안 되는 거 같은데 안 쓸 수가 없고 그러다 보면 아닌 거 같다고 생각하면서도 쓰고, 나중에 보면 사실상 가짜뉴스고." (C)

"언론의 속성인데, 한사람이 뛰기 시작하니까 막 뛰고 그게 왜 뛰어야 되는지를 알려면 시간과 노력이 좀 필요한데 일단 뛰다보면 이미 타이밍이 늦어버리고."(J)

그러면서 대상자들은 '결과적 가짜뉴스'를 언급했다. 기성 언론의 가짜뉴스는 처음부터 수용자를 속이려는 의도를 갖고 제작되기보다는 속보 경쟁, 팩트 체크 부실 등 그릇된 관행이 만들어낸 결과라는 시각이었다.

"기성 언론이 가짜뉴스를 처음부터 정색을 하고 만들거나, 학자들 선행연구의 정의대로 가짜뉴스를 만드는 경우는 거의 없는 것 같아요." (C)

B와 D는 '결과적인 가짜뉴스' 생산에 동의하면서, 기성 언론이 무슨 변명을 하더라도 수용자로 하여금 사실이 아닌 내용을 사실로 믿게 만들거나 사안을 잘못 이해하도록 했다면 가짜뉴스로 간주해야 한다는 입장을 보였다. 특히 기성 언론의 보도는 일정한 신뢰를 토대로 수용되는 만큼 가짜뉴스 판별에 엄정한 잣대를 적용할 필요가 있다고 지적했다. 처음부터 의도했든 결과적으로 그렇게 됐든 수용자들에게 심하게 잘못된 정보를 제공했다면 가짜뉴스라는 것이다.

"기자들은 철칙으로 생각하지만, 야마 잡아야 되고 시의성 있어야 되고 마감시간도 있고 거기에 막 쪼여가지고 그냥 오보하는 경우가 있어. 현장에서 사실 확인도 안하고. 이게 기자들끼리 볼 때는 불가피한 거지만 바깥에서 독자들이 입장에서 볼 때는 완전히 엉뚱한 이야기를 이만큼 키워가지고 거짓말하는 것이거든. 언론사 측에서는 어쩔 수 없고 우리는 늘 하는 관행이지만 그

게 조금 더 나가면 사실상 가짜뉴스야." (B)

"가짜뉴스라고 해도 기성 언론에서 완전 새빨간 거짓말은 낼 수는 없을 거고. 전체적으로 그럴 듯한데 실은 방향이 전혀 다르다든지, 내용도 그 방향에 따라서 왜곡이 되어 있다든지, 그 과정에서 그걸 상당히 알면서도 위에서 시켰다던 지, 보도대상이 약자이기 때문에 이렇게 써도 문제가 생기지 않을 거다 이런 생각 때문에 했던지, 딴 놈(기자)들도 하니까 했고, 또 관행상, 이런 등등. (기성 언론의 가짜뉴스는) 내놓고 하는 가짜뉴스보다 훨씬 교묘한 거라고 할 수도 있지. 그리고 일단 언론사 바이라인 달고 나가면 사람들이 기본적인 신뢰는 하니까 더 골치 아픈 거지." (D)

가짜뉴스가 생산·유통되는 구체적인 경로와 방식에 대한 시각도 제시됐다. B와 I는 'SNS 등 뉴스플랫폼 가짜뉴스의 역류'를 강조한 반면 G는 언론사가 포털 사이트에 올린 뉴스의 클릭 수를 늘리기 위해 같은 뉴스를 제목이나 문장 순서만 약간 바꾼 채 반복 전송하는 행위인 '뉴스 어뷰징(news abusing)'을 지목했다.

"SNS가 사실상 언론 영역으로 많이 들어와 있잖아. 사실 가짜뉴스를 연구하려면 제도권 언론보다 여기가 비중이 크지. 거기

있는 것을 기성 언론이 무차별 인용해서 나오니까 문제라는 말이야. 가짜뉴스의 역류라고 해야 하나. 댓글을 포함한 풍설 같은 것들이 재미있으니까 의도적으로 따옴표해서 그냥 나오는 거. 먼저 이상한 루머를 찌라시로 문서화해서 쫙 유포하면 문서니까 신빙성이 있어 보여. 그거를 읽어보고 머릿속에 넣어 두었다가 해설 같은 거 쓰면서 그냥 써버리는 거거든." (B)

"SNS에는 자기 의견을 마구 쏟아내고 하는데 거기에 기자들이 영향을 받아서 기사화 되는 구조 때문에 가짜뉴스가 생기는 것 같아요. 바깥에서, SNS에 떠돌던 가짜뉴스가 여과 없이 팩트체크 없이 그대로 보도되거나 따옴표를 빌려 기사화 된다든가. 그런 거 가짜뉴스로 볼 수 있다고. 이것도 결과적인 가짜뉴스죠." (I)

"예를 들어 통신사가 뭘 하나 썼어요. 근데 팩트가 틀려. 하지만 그게 굉장히 섹시한 것이기 때문에 모든 언론들이 받아쓰는 경우가 있잖아요. 확인하지 않고. 그러면서 비슷한 기사를 계속 전송해요. 그런 경우 가짜뉴스가 확 퍼져버리는 그런 구조가 되어있는 거죠." (G)

G가 말한 가까운 사례가 2018년에 있었다. 정세현 전 통일부 장관이 방북 중이라는 <연합뉴스>의 보도가 오보로 드러나면

서 이를 받아쓴 국내 주요 언론들도 줄줄이 망신을 당했다.

<연합뉴스>는 11월 29일 오전 정세현 전 통일부 장관 방북…'김정은 답방 물밑 논의 주목'이라는 제목의 기사를 내보냈으나 잠시 후 통일부는 "해당 보도는 사실이 아니며 정 전 장관은 현재 자택에 머물고 있다"고 밝혔다. 이 사이 기사를 확인 없이 홈페이지와 포털에 업로드한 지상파 방송과 신문사들도 오보 사태를 피해갈 수 없었다.

언론사들은 확인되지 않은 사실을 보도할 때 관행의 뒤에 숨어 이후 발생할 수 있는 책임 문제를 피해가는 기술을 구사한다.

"새드(said) 저널리즘이라는 게 있잖아요. 누가 이렇게 말했다라고 하는 건데 말한 건 사실이잖아요. 우리가 취재원을 기본적으로 신뢰할 수밖에 없고, 취재원은 이용해먹고 이용당해도 괜찮다는 미필적인 고의 같은 게 있고. 정권하고 검찰의 논쟁 중 새드 저널리즘이 있어요. 검사가 이렇게 했으니 사실이다. 근데 사실은 그것이 가짜뉴스인 경우가 100%는 아니라도 상당 비율이 있잖아요." (D)

I와 J는 '무(無)보도'를 가짜뉴스에 포함시켜야 한다는 주장을 폈다. 무보도는 마땅히 보도해야 할 사안을 언론사의 정파성

이나 상업적 목적 때문에 보도하지 않는, 일종의 보도행위라는 점에서 본질적으로 가짜뉴스와 다르지 않다는 것이다.

"일반적인 가짜뉴스 개념과는 약간 다를 수가 있는데 검찰이 비판받는 것과 똑같은 거 하나. 자기 검열 내지는 자기가 써야 할 것 안 쓰는 거. 검찰은 '선택적 정의'라고 요즘 비판 받잖아. 이익이 될 거 같으면 수사하고 아니면 수사 안 하고, 캐비넷에 처박아 두는 거지. 무보도도 그래. 지금은 상당부분 경제 분야에서 많아. 광고 문제 고려해서 대기업 문제 굳이 쓰는 게 평지풍파 일으키는 거라는 태도. 이것도 가짜뉴스라고 봐." (I)

"정파에 따라 보도해야 할 것을 무시해버리는 것. 조국 사태의 경우 모두 1면에 썼는데 아래 조그마하게 취급하거나 안 쓰거나. 유권자들이 알아야 되는 정보, 기본적인 그런 게 있으면 작게라도 보도를 해야 하는데 내적인 목적이 크다 했을 경우 경시하거나, 무시하거나, 외면하는 게 예전보다 심해진 거 같아요. 팩트와 어긋나는 현상에 대해서도 목적과 의도의 따라 우기고. 정말 이상한 나라 뉴스가 있어요." (J)

무보도는 가짜뉴스 연구가 주로 언론사 밖에서 제작·유통되는 것을 다뤘기에 원천적으로 고려대상이 아니었지만, 기성언론까지 대상으로 하면 문제가 다르다. 위 두 사람의 말처럼 무보도는 언론사의 정파성과 상업주의가 강하게 작용한 결과로서 수용자들의 알권리를 침해해 특정 사안에 대한 정확한 판단을 방해했을 개연성이 크기 때문에 보도된 가짜뉴스들과 본질적으로는 차이가 없다고 볼 수 있다.

이에 반해 E는 언론 현실이 혼탁하다는 점에는 동의하지만 기성 언론의 가짜뉴스 생산에 대해서는 신중한 접근이 필요하다는 의견을 내놓았다.

"언론들도 정파성이 강해지면서 스트레이트와 해설, 논설이 구분 안 되는 기사들이 범람하고 있지요. 스트레이트는 팩트를 전달해야 하는데 주장이나 과잉해석이 들어가 객관성을 현저히 잃고 있기 때문에 다른 정파나 중도적 독자, 시청자가 봤을 때는 가짜뉴스라는 인식을 할 수도 있거든요. 기업 관련 보도에서도 일방적 홍보나 의도적으로 흘리는 잘못된 정보로 생산되는 기사가 꽤 있어요. 특히 잘못된 취재나 인용, 짜깁기식 인터뷰, 자료의 교묘한 왜곡 등 때문에 팩트에서 벗어난 기사는 기성 언론에서도 종종 생산된다고 봅니다." (E)

하지만 그렇다고 해서 진영 간 대립이 극심하고 일방적, 비타협적 주장이 난무하는 마당에 가짜뉴스 생산을 기정사실화하면 언론 탄압의 빌미가 될 수 있다고 강조했다. 반대 진영언론의 보도에 대한 정치권과 언론계 내부의 가짜뉴스 낙인찍기가 일상화해 언론시장 혼란이 가중될 것이라는 의미로 해석된다.

"문제가 되는 보도를 무조건 가짜뉴스라고 몰아붙일 일은 아닙니다. 문제가 심하면 일단 법으로 해결하면 되지요. 지금은 (언론의 일부 보도가) 가짜뉴스로 분류될 수 있는 바운더리를 오락가락하는 수준이 아닐까 싶은데, 논쟁의 소지가 많다고 생각합니다." (E)

다음은 이들이 생각하는 가짜뉴스의 정의이다. 첫째로 꼽은 것은 '의도성'이었다. 단순 착오가 아니라 상업적, 정파적 목적을 갖고 의식적으로 사실을 왜곡했다든지 취사 선택을 통해 사건을 재구성해 방향을 뒤틀었다면 가짜뉴스로 봐야 한다는 것이다. 그러나 의도를 어떻게 입증할 것인지, 어떤 기준으로 여부를 판단할 것인지에 대해서는 뚜렷한 의견을 내놓지 않았다.

"가짜뉴스가 되려면 그래도 단순한 실수에 의한 오보와 구별하는 차원에서 오보는 의도를 가진 오보가 있고 의도를 갖지 않은 오보가 있지요. 그런데 가짜뉴스는 분명하게 팩트가 잘못되어 있을 뿐만 아니라, 내용 상 맥락이 잘못된 것. 여기에다가 나름의 정치적, 비즈니스적 여러 의도가 개입되어 있으면 가짜뉴스로 봐야지. 또 팩트나 맥락이 잘못됐다고 알면서 하는 게 상당히 있다고 봐요. 정치적, 상업적 목적 때문에 사실 확인, 이런 걸 덜 하는 거지. 해봤으면 됐는데 의도적으로 안하거나 그런 거."(A)

"무엇보다 의도성이 내재되어야 하겠지요. 특정 정파, 집단, 개인을 지원한다는 생각으로 불순한 의도를 깔고 생산, 유포된 언론보도에 대한 치밀한 분석이 필요해요." (E,F)

"단순한 오보라는 뜻으로 사용되는 misinformation 말고 disinformation 있잖아요. 조작한 허위정보라는 의미인데 언론이 어떤 목적을 갖고 정보를 변형하든지 왜곡하든지 하는 것 등등까지 가짜뉴스로 보면 케이스가 많을 것 같아요. 결국 의도성이죠. 그게 얼마나 강하게 작용했는지가 관건 아닌가요?" (J)

이와 관련해 보도가 잘못된 것임을 인지하면서도, 즉 허위임을 알면서도 사실 확인 등을 거치지 않고 그대로 보도했다면 그것은 가짜뉴스라는 논리, 즉 '현실적 악의(actual malice)' 개념도 등장했다. 이는 언론이 보도에 앞서 그 내용이 허위임을 알고 있었거나, 사실 확인을 의도적으로 소홀히 한 상태를 뜻한다. 현실적 악의가 확인되면 언론사와 기자는 해당 보도에 대한 법적 책임을 져야 한다.

"오보하고 가짜뉴스를 어떻게 구분하나요? 어떤 경계 선상에서. 그 게 다분히 주관적인거지. 누가 정의를 내린 사람도 없고. 근데 '현실적 악의'라는 게 기준이 될 수도 있을 것 같아요. 알면서도 오보내는 거. 우리로 따지면 미필적 고의처럼, 틀려도 괜찮다고 생각하면서 알리바이만 남겨 놓고 가짜뉴스를 쓰는 거지."(D)

　　"기사 전체로 보면 새빨간 거짓말은 아니라고도 할 수 있는데 기사를 쓰면서 이건 아닌데 하면서도 그냥 보도하는 거 있잖아. 그게 아주 일부분에 국한됐다면 모르겠지만 그거보다는 심했던 것 같고. 어떤 사정이 있든 보는 사람을 속이고 있다는 것을 자기가 아는 거니까 가짜뉴스라고 해도 할 말 없다고 생각하지. 오보라는 걸 알고 오보를 내는 건데 양심불량 가짜뉴스지. 고의적으로 왜곡 호도한 거니까. 이런 건 데스크도 다 알아. 알지만 경험에 비춰볼 때 문제가 되지 않을 거다 생각하고 그냥 넘기는 거지. 저널리즘 교과서를 기준으로 하면 악성인거지. 무조건 가짜뉴스다 이렇게 말하기는 애매하기는 한데 언론인들은 이걸 가짜뉴스라고 스스로 인정해야 하지 않을까 생각도 들어."(B)

　　'현실적 악의' 개념은 1964년 '뉴욕타임스 대 설리번 소송'에서 비롯됐다. 미국 연방대법원은 당시 출판물의 표현의 자유와 관련해 획기적인 판결을 내놓았는데 공직자인 원고가 허위사실에 의한 명예훼손을 이유로 손해배상을 받으려면 그 표현이 언론의 '현실적 악의'에 따라 이뤄졌다는 점을 스스로 입증해야 한다는 것이다. 한국 사법부는 이 개념을 수용하지 않는다는 평가도 있지만, 2002년 대법원 판례 이후로 공인에 대한 명예훼손 소송에서 언론의 승소율은 매우 높아졌다.

여기서 새로운 문제가 시작된다. J의 언급대로, 의도성이 얼마나 강하게 작용해야 가짜뉴스인지와 기사의 왜곡 또는 허위의 비율이 어느 수준일 때 가짜뉴스가 되는지의 기준이 제시돼야 하기 때문이다. 의도개입이 보인다고 해서 오보와 왜곡보도를 모조리 가짜뉴스 범주에 포함시키는 것은 무리이다. 이는 E가 말했듯이 언론탄압이나 표현의 자유 위축이라는 또 다른 문제를 야기할 수 있다. 아울러 '현실적 악의'가 작용했다고 할 때 그것을 어떻게 입증해야 할지도 어려운 대목이다. 이에 대한 응답자들의 "그것은 사례별로 분석해봐야 알 수 있겠다"는 것이었다.

"일률적으로 '가짜뉴스가 어떤 것이다'라고 말하기는 참 어렵네요. 문제가 되는 기사 내용과 보도맥락을 살펴봐야 알 수 있겠죠." (A)

"정치 신념에 따라 원 자료를 입맛에 맞게 가공하고 끝까지 옳다고 주장하는 보도의 경우 선거판을 흔들 정도의 영향력이 있으니 가짜뉴스에 해당하지 않을까 하는데 그것도 케이스에 따라

달라질 수 있고" (E)

이상의 인터뷰에서 기성 언론의 가짜뉴스에 대한 명확한 정의가 내려지지는 않았지만, 언론사나 기자의 어떤 목적에 따른 의도적 왜곡이 강하게 이뤄졌을 경우 가짜뉴스로 볼 수 있다는 데 대체적 의견일치가 발견됐다. 그것의 구체적이고 객관적인 기준은 가짜뉴스로 지목된 사례에 대한 분석을 통해 정립해야 할 문제이다.

세 번째는 가짜뉴스 생산 분야 및 원인에 대한 것이다. 가짜뉴스라고 할 수 있는 기사가 가장 빈번하게 만들어지는 분야는 언론사 속보 경쟁이 벌어지는 정치 및 사회분야의 대형사건이었다.

"박근혜 탄핵 사태가 처음 터질 당시 자매 방송사가 취재를 자세히 했다가 다른 방송사에 선수(先手)를 빼앗기는 바람에 신문에 그걸 흘려주면서 보도를 시작했어요. 이게 점점 막 쏠려 들어가는데 어느 순간 느끼게 되는 게 정말 통제가 안 되는 거 있죠. 최순실의 언니가 박근혜와 무슨 관계가 있다는 이야기 같은 것들. 결국 오보였는데 그때는 환경에 확 휩쓸려가지고 데스크 기능도 무의미해져요." (H)

"큰 사건 터지면 처음에는 그래도 괜찮은 편인데 시간이 좀 지나면 기사의 양을 채워야 하기 때문에 변칙이 등장하지. 박근혜 탄핵, 조국 사태 등등 패턴이 똑같아. 익명, 따옴표 저널리즘 같은 거. 확인 안하고 막 쓰는 거지. 뭐뭐하더라 식으로 다 나가 기사가. 나중에 검찰 공소장에 보면 그런 내용은 없지." (B)

B와 C는 그러면서 오래 전의 사건이지만, 참으로 어처구니 없던 가짜뉴스 사례를 끄집어냈다.

"1986년 8월에 '서진 룸살롱 사건'이라고 있었는데 강남구 역삼동 서진 룸살롱에서 조폭 간 칼부림으로 4명이 살해됐으니 사회적 충격이 컸지. 매일 수사속보를 써서 지면을 메워야 하니까 나중에는 룸살롱, 나이트클럽 종사자들로부터 들은 별의별 조폭 행태를 막 쓰는 거야. 그 중에는 조폭들이 전남 신안 앞 바다에서 끌어올린 고려청자를 밀매했다는 기사도 있었어. 어디 가서 확인할 수도 없는 거지. 경찰은 잘 모르겠다며 방관하고. 사실 데스크도 엉터리라는 것 알지만, 조폭들이 문제 제기할 것도 아니니까 밀어붙였던 거야." (B)

"전북 부안군 서해 위도에서 페리호가 침몰해 탑승객 292명이 사망한 사건이 1993년 발생했어요. 이때 선장 생존설이 돌고 검찰이 선장을 지명 수배하자 기자들이 "선장이 살아서 도망쳤다"고 써버린 거예요. 증거는 물론 없었죠. 한 언론사가 쓰니까

다 따라온 거죠. 그런데 불과 며칠 후 선장은 배안에서 시신으로 발견됐어요. 언론이 통째로 X망신을 당한 거죠. 언론계 최대 오보 중 하나인데 이게 요즘 기준으로 가짜뉴스겠죠." (C)

또 하나는 사실 확인이 현실적으로 불가능하다는 이유로 무책임한 보도가 횡행했던 북한 관련 뉴스이다.

"제가 어렸을 때, 그땐 가짜뉴스 개념이 없었지만 북한뉴스는 상당수가 가짜뉴스였던 거 같아요. 북한뉴스에 가짜뉴스가 제일 많아요. 그때 선배들이 북한은 오보에 대한 소송을 할 수 없기 그냥 때문에 써도 된다고 그랬어요." (D)

"일본 기사 받는 것도 그렇잖아요. 일본 <산케이(産經)신문> 같은 데서 국정원 발(發)로 보도한 뒤 한국으로 다시 들어오는 거. 야근을 하면 안 받기가 대단히 어려운 순간이 와요. 사회부에 있는데 국제부에서 와가지고 그거 받으라고 막 그래. 타사가 써 가지고 제목 키워버리면 골치 아프니까 일단 내보내고." (C)

해당 북한 관련 기사가 오보가 될 가능성이 있음을 알면서도, 오보로 판명이 날 경우도 정정보도 요구나 법적 소송이 나올 수 없다는 점, 경쟁 언론사들이 기사화했을 때 낙종으로 비쳐질 수 있다는 점 때문에 일단 보도해버리는 관행이 빈번했다는 전언이다. 비교적 최근의 '김영철 노동당 부위원장 숙청설(2019년 5

월)'과 '현송월 노동당 선전선동부 부부장 총살설' (2013년 8월)
기사도 이에 해당될 것이다.

이어 1차적으로 정보를 제공하는 정부와 정치권 등 이른바
권력기관의 책임을 지목하는 의견도 나왔다. 해당 기관들은 자신
들에 대한 정보를 독점한 가운데 유리한 여론조성을 목적으로 편
파적인 정보를 제공하는데 언론사들이 그대로 받아쓰는 경우가
적지 않다는 이야기이다. 이 관점은 앞서 송신자, 즉 권력기관의
문제에서 다룬 스튜어트 홀의 '1차 규정자 이론'을 연상시킨다.
복습하면, 홀은 정권과 국가기구를 정치적 의제설정의 1차적 원
천으로 보고 그런 의도가 미디어 관행을 통해 관철된다고 했다.
따라서 보도의 상당부분은 이들에 의해 설정된 의제와 해석 틀을
재생산하는 역할을 한다는 것이다.

"지금까지 가짜뉴스의 관점을 좀 거꾸로 해서, 정부나 집권
세력의 정부의 부실 브리핑, 엉터리 브리핑이 문제예요. 여기에
허위뉴스나 정파적이고 교묘한 가짜들이 함께 풀려 나온다는 말
이죠. 예를 들어 정권이 통계를 가지고 의심되는 행동을 보인다
는 거죠. 그런데도 따져 묻거나 깊이 취재를 하지 않고 대충 정
부의 말에 놀아나면서 보도하는 행태. 디지털 속보 경쟁 때문인
지 보도자료 그냥 받아쓰고, 발표한 내용 그대로 보도하는 '발표

저널리즘'이 많아요. 그러니까 결과적으로 가짜뉴스를 쓰게 되는 거지." (A)

"정당 출입을 하다보면 정파 혹은 정치인 개인과 친해져요. 그들과 만나는 자리가 잦아지고, 식사 및 음주의 기회도 갖게 되는데 그러다보면 약간 문제가 있는 정보라고 하더라도 그들이 흘리는 내용을 그대로 기사화하는 경우가 있어요. 정치인과 기자 개인 또는 회사와의 관계를 의식한 거래라고도 할 수 있죠. 민감한 내용이라면 부인하는 상대의 반론을 간단히 붙여줌으로써 객관적인 모양을 갖추지만 기사 전체는 한쪽의 입장을 두둔하는 게 되죠. 팩트까지 어긋난다면 가짜뉴스로 치부될 위험성이 있어요." (E)

"정치인이 국회본회의나 상임위, 또는 청문회에서 발언할 내용을 언론사 마감시간과 기자 편의를 감안해 미리 보도 자료로 내는 경우가 있는데 이 중에 '내각 총사퇴 요구'와 같은 게 있으면 크게 쓰죠. 그런데 정작 회의석상에서는 그 발언을 하지 않을 때가 있어요. 그래도 사과나 정정보도 하지 않고 그냥 놔둡니다. 해당 의원이 굳이 빼달라고 하지 않으면요." (E,J)

D는 가짜뉴스의 원천이 정치권력에만 그치지 않을 것이라고 지적했다. 경영난에 직면한 상당 수 언론사들이 기업 광고를

기사처럼 실어주거나 경영진 비위의혹 등을 보도하지 않는 경우를 거론한 것이다.

"기업 보도의 경우 회사의 광고 및 협찬과 관련이 있을 경우 보도내용에 조금 문제가 있더라도 그대로 내보낼 때가 있어요. 팩트가 아주 틀리면 어쩔 수 없지만 진짜와 가짜의 경계를 걷는 정도라면 회사 이익을 위해 보도를 하기도 하죠." (D)

인터뷰 응답자들은 이밖에도 가짜뉴스 혐의가 있는 구체적인 사례를 언급했으나, 최근 정국과 관련해 또 다른 논란을 일으킬 소지가 있다고 판단해 싣지 않기로 했다. 아무튼 이들이 지목한 기성 언론의 가짜뉴스는 예상보다 많고, 다양했다.

원인은 다양하게 제시됐다. 크게 보면 역시 언론사의 상업주의와 정파성이 배경으로 작용하고 있고, 현장의 관행과 디지털 미디어 중심의 환경 변화가 가짜뉴스라는 부산물을 만들어내고 있다는 의견이 주를 이루었다. 먼저, 언론사 경영난 타개를 위한 상업성 추구가 가짜뉴스로 이어지는 저질뉴스를 생산하는 1차 원인이라는 지적이다.

"언론사 데스크나 기자 입장에서는 대형 뉴스가 터졌을 때 각종 인터넷 매체나 SNS에서 이상하지만, 화제가 되는 이야기들이 막 돌아다니니까 소문을 핑계로 그냥 쓰잖아요. 정 찜찜하면 기사 말미에 어떻게든 한 줄은 걸쳐놓는다고. '관계자', '일각에서는'이라는 주어를 쓰면서. 물타기나 면피용이죠. 그런데 이런 거 안 쓰면 온라인 뉴스 조회 수에 문제 생기고, 당장 그 내용 왜 빠졌냐고 항의 들어와요. 어쩔 수 없는 거죠." (C)

"경영 상황이 날로 악화되면서 기업 광고, 협찬과 사업 등으로 내는 수익에 목을 매달 수밖에 없게 됐는데 명백한 가짜뉴스가 아니라면 어느 정도 수준의 일방적 기사는 용인하는 분위기죠." (E)

일부는 수용자의 문제를 거론했다. 상업주의와 정파성을 부르는 수용자 시장의 압박이 날로 강해지고 있다는 것이다.

"독자나 국민들 취향의 문제도 있죠. 마녀사냥 좋아하는 거. 싫어하는 쪽에 있는 사람이 나쁜 놈으로 한번 찍히면 그 사람의 악행이 들어난 기사에 환호를 하잖아요. 그러니 언론사들도 비겁하지만, 먹고 살아야 하니까 맞는지 안 맞는지 모르는 기사를 그냥 쓰는 거지." (F)

"결국은 상업성이지. 사람들이 진영논리에 빠져서 자기들이 보고 싶은 정보만 추려서 보잖아. 유튜브에 환호하는 것도 그래서이고. 언론사도 그런 이야기를 들려주지 않을 수 없어요. 자기합리화는 아닌데, 미디어도 전에 없던 고충이 있어요. 기자는 내 생각과 맞고, 데스크도 이걸 좋아할 거 같고, 회사의 입장과도 일치하니까 알면서도 기사를 뻥튀기 하는 거예요." (G)

미디어 환경의 격변은 빼놓을 수 없는 요소이다. 디지털화 급진전에 따른 실시간 속보 경쟁이 뉴스 저질화와 가짜뉴스 만들기를 촉발하고 있다는 지적이다. 이 경쟁에서 처지면 수입이 줄어드는 구조에서 기성 언론은 선택을 강요받는 측면도 있다고 할 수 있다.

"포인트 중 하나가 디지털 속보체제 있잖아요. 요즘에는 초 단위로 싸우니까. 거기서 '뉴스 어뷰징'이 발생하죠. 기사를 어느 한 군데서 먼저 쓰면 '네트워크 광고'로 수입에 연결되잖아요. 네트워크 광고라는 게 기사에 병원 광고 같은 거 붙고 하는 거. 인터넷 전문 기자했던 친구들이 나가서 회사 차려 가지고 붙이는 광고요. 2017년 기준으로 메이저 언론은 1년에 200~300억 원 이상 벌어갔을 겁니다. 중간 규모 언론사는 50, 60억 원 정도? 1년 매출로. 근데 그걸 누가 속보로 쓰면 확인이 안 돼도 그걸 복사해 가지고 토씨만 고치고 제목 조금 바꿔서 내거든요. 엉터리 기사가 참 많죠." (D)

"포털이나 온라인, 모바일 보도가 메인이 되다 보니까 속보성이 중시되는 거고 일단 뉴스메이커의 말을 빨리 정리해서 거기

올리는 게 우선이 되고 있는 거야. 그리고 나중에 약간 살을 붙여서 최종 기사를 정리하게 되니까 제대로 된 기사를 쓸 시간이 없어진 거지. 예를 하나 들게요. 2019년에 야당 원내대표가 '여당 내 친일파 후손이 야당보다 10배 정도 많다'고 주장했는데 포털, 온라인, 모바일 속보로 그대로 떴어요. 뉴스메이커가 한 말이니까 그냥 쓴 거지. 사전 사후 사실 확인 없었고, 시간 조금 지나면 바로 잊혀지고." (A)

이 연장선상에서, 악화된 기자들의 근무환경 및 처우 문제가 영향을 미치고 있다는 분석도 나왔다. 이는 물론 경영난에서 파생된 문제이다. I는 "기자들이 기사를 쓰는 단계에서부터 게이트키핑 능력을 발휘해야 하는 게 그게 여건이 뒷받침되지 않아 잘 안 되고 있다"고 말했다.

"월급은 적고 취재인력도 충분하지 않고, 환경이 워낙 나빠진 게 사실이거든요. 게다가 요즘 '워라벨 문화'에다가 52시간 근무제 같은 것 때문에 일하는 시간이 줄기도 했고. 게다가 인터넷 속보는 계속 올리라고 하죠. 기자들이 팩트 체크 할 시간, 전문성이나 의욕이 없고 새로운 현안은 막 생기니까 그냥 넘어가는 거예요." (A)

"인터넷 속보 없을 때는 정치부 기준으로 하루에 기사 20개

정도 데스킹 해서 내보면 되니까 시간을 두고 사실 확인도 했죠.
하지만 요즘은 데스킹해야 할 게 100개가 넘어요. 데스킹이 사실
상 불가능해요. 그냥 오자만 고쳐서 통과시켜요. 이러니 기사가
온전하겠어요?" (F)

나가며

우리는 지금까지 21세기 한국 뉴스시장의 총체적 난맥상을 들여다보았다. 뉴스의 왜곡과 시장 교란에는 너나 할 것 없이 책임이 있다. 미디어는 두 말할 필요 없고, 송신자와 수신자도 예외가 아니다. 필자는 매우 걱정스럽다. 상황이 좋아질 가능성이 높아 보이지 않기 때문이다.

미디어와 권력기관 중심의 힘센 송신자는 각각의 생존을 위해 영향력을 높여 갈 것이다. 미디어는 상업적으로 살아남아야 하며, 송신자는 여론을 놓치면 권력유지가 어려워지는 까닭이다. 대중의 인지적 함정에서 비롯된 뉴스 분별력의 문제는 디지털 미디어 시대가 가속화하면서 고치기 힘든 숙환(宿患) 수준으로 고

착하는 양상이다. 앞서 디지털 대중의 정보편식과 끼리끼리 소통, 고립된 숙의, 선택적 노출, 거짓 일치, 그리고 집단극단화 등 뒤틀린 현상을 소개했었다. 어느 것 하나 뾰족한 치료법이 없는 증상이다. 디지털 기술 발전과 함께 더 심해질 것으로 보는 게 타당하다.

난맥상을 정리하다 보니 깜빡했던 디지털 미디어 시대의 여론교란 수법이 떠올랐다. 바로 'RAM(radical access member)'으로 불리는 집단의 행태이다. '근본적인 문제의식으로 또는 극렬하게 접근하는 사람'이라는 뜻으로 쉽게 말하면 '설치는 그룹'을 의미한다. 사실 어떤 집단이든 의견을 정할 때 소수의 목소리 큰 사람들의 결정력이 크다. 표면적 결과는 구성원 모두의 합의에 따른 것으로 나오지만, 실제 과정에는 이들의 입장이 중요하게 작용한다. 나머지 다수는 사안이 자신과 이해관계가 별로 없거나, 특별한 관점을 갖고 있지 않을 경우 이들에 의해 끌려 다니는 경우가 많다.

최근 이들은 온라인 공간에서 주로 발견된다. 댓글 달기와 '좋아요' 횟수 늘리기에 열심이다. 네티즌들에게 댓글은 기사의 해석 프레임이 되고, 꼭 읽어야 할 기사와 그럴 필요 없는 것을 구분하는 잣대가 된다. 그래서 '드루킹'이나 '국정원 댓글'과 같은 권력형 사건이 일어나는 것이다. 혐의는 권력이나 정당조직이 RAM과 같은 집단을 만들어 가동했다는 것이다. 필자는 처음에는 비웃었다. 하루에 댓글이 수백만, 수천만 개가 달리고 '좋아요' 누르는 사람의 수도 천문학적일 텐데 그게 무슨 소용이 있다고 그런 짓을 하며, 그걸 또 수사까지 하는지 이해하지 못했다.

　나중에 알았다. 그래도 추천인이 많은 기사를 클릭할 확률이 훨씬 높고, 기사 본문을 보기 전에 댓글을 꼼꼼히 먼저 읽는 네티즌들이 적지 않다는 것을. 댓글을 먼저 본다는 것은 필자에게 충격이었다. 한 번도 그런 적이 없기 때문이다. 그렇게 하면 선입견이 먼저 만들어지므로 객관적인 사실 파악에 방해가 될 수 있다. 이런 경향은 20, 30대 젊은 층에서 상대적으로 강하다고 한다. 그러니 정당과 권력이 선거철이나 대형 이슈가 발생할 때 RAM을 가동하고 싶은 유혹을 느끼는 거다. 자기들에게 유리한 기사, 유리한 프레임을 더 노출시키면 당연히 여론을 끌고 오는 데 도움이 된다.

　시장의 혼돈은 나날이 깊어지고 있다. 공적 통제는 불가능하고 자정(自淨)을 기대하는 것은 꿈같은 이야기이다. 그럼 어떻게 해야 하나? 판을 바꿀 방법이 없으면 자력구제(自力救濟) 말고는 길이 없다. 우리가 눈 부릅뜨고 정신 차리는 수밖에 없다.

답은 미디어 리터러시 능력과 습관을 키우는 것이다.

　미디어 리터러시의 정의는 대충 이렇다. 정보·통신 및 정보 기술에 대해 기본적으로 이해하고, 정보를 이용해 자신의 생각을 표현하는 능력이다. 세분화면 다음과 같다. ① 접근능력(access) : 미디어 콘텐츠 및 서비스에 대한 지속적인 접근 ② 분석능력(analyze) : 상징적 텍스트의 의미를 해석할 수 있는 능력 (skill to decode) ③ 평가능력(evaluate) : 미디어 콘텐츠가 생산되는 맥락 및 지식의 객관성과 품질에 대한 비판적인 평가 능력 ④ 창조능력(create) : 참여, 사회자본, 시민문화와 관련된 콘텐츠 생산 미디어 리터러시의 범위는 갈수록 확장되고 있다. 전무후무한 첨단기술의 총아인 디지털 미디어가 지배적 미디어로 등장했으니 그걸 매순간 갖고 노는 우리가 해야 할 일도 늘어날 수밖에 없겠다. 미디어 콘텐츠를 이해하는 것은 기본이고, 정보·통신 및 기술에 대해 알아야 하고, 사용할 수 있어야 하고, 그것을 이용해 스스로의 생각을 표현할 수 있어야 한단다. 그래서 요즘은 이걸 초등학교에서부터 가르치고 있다. 디지털 기술에 기반한 콘텐츠 제작과 공유가 중시되는 흐름에 따른 것으로 이해한다.

　하지만 필자가 보기에 리터러시의 바탕이자 핵심은 여전히 '읽고 이해하기'이다. 미디어 리터러시라고 해서, 디지털 시대라고 해서 달라지는 것은 없다. 읽고 판단하는 게 잘 되지 않기 때문에 우리가 여기서 이렇게 긴 이야기를 나누고 있는 것 아닌가?

원래 기본이 제일 어렵다. 이에 기반 하지 않은 리터러시 담론은 사상누각이다. 그런데 우리나라에서는 읽고, 이해하고, 비판하는 문제를 제기하면 좌우 진영 간 패싸움으로 비화된다. 정치권이고 언론이고 마찬가지다. 사회적 논의가 차분하게 진행되기 어려운 환경이라는 점 역시 리터러시의 장애물이다.

우리는 이전 시대 사람들이 해보지 못했던, 콘텐츠를 제작·유통·공유하는 미증유의 경험을 누리고 있다. 잠깐 생각해보자. 우리가 콘텐츠를 만드는 원재료는 무엇인가? 어차피 미디어가 갖다 준 것들이다. 요즘엔 대중이 만든 것을 재가공하는 일도 잦다. 그것도 거슬러 올라가면 원 출처는 대다수가 미디어이다. 도저히 빠져나갈 수 없다. 보도이든 오락이든 모든 영역이 그렇다. 미디어의 손아귀에 잡혀 있다.

결국 생산과 공유를 제대로 하려면 애초에 분별을 정확히 할 줄 알아야 한다. 해당 콘텐츠가 생산된 구조와 맥락과 의도를 읽고 가치를 판단해야 한다. 연후에, 의미 있는 콘텐츠를 만드는 게 가능해진다. 기계를 만지고 정보를 가공하고, 내 이름으로 무언가 만드는 일이 급한 것이 아니다. 그러나 사회는 그렇게 하라고 권하고 있다. 자기를 표현하라고 한다. 결과는 어떤가? SNS와 유튜브 등에 넘쳐나는 저급한, 한심한 콘텐츠들을 보라. 누구는 "쓰레기가 넘쳐난다"고 한다. 문제의 근본 원인은 미디어 콘텐츠를 다루는 또는 인식하는 수용자, 그리고 지금은 생산자이기도 한 사람들의 분별력 부재, 판단의 포기에 있다.

그럼 뉴스 분별과 판단을 잘 하려면 어떻게 해야 하는가? 100% 약효를 보장하는 처방은 없다. 있었다면 상황이 이 지경까지 오지 않았다. 실천할 수 있는 것을 찾아 노력하고 습관을 들이는 일이 해야 할 일의 전부이다. 그것도 사람마다 방법이 다를 수 있다. 지금부터 말하려 하는 내용도 필자의 경험과 공부에서 나온 것일 뿐이다.

먼저, '피해야 할 것'이다. '허접한 미디어'의 뉴스는 읽지 않는 게 헷갈리지 않는 첫걸음이다. 대다수 수용자의 뉴스 소비는 포털을 비롯한 플랫폼을 통해 이뤄진다. 거기에는 오만 가지 미디어가 뉴스를 올리고 내리고를 반복한다. 조금 비중 있는 사건이다 싶으면 각기 다른 미디어가 작성한 같은 주제의 기사가 한꺼번에 올라온다. 도대체 그 중에 어떤 것을 클릭해 봐야 좋을지 난감할 때가 많다.

일단 안전한 방법은 지명도가 있는 미디어의 기사를 선택하는 것이다. 구체적으로 어떤 미디어가 해당되는지는 언급하지 않겠다. 각자 떠오르는 익숙한 이름이 있을 것이다. 지명도가 있다고 해서 기사가 객관적이고 정확한 것은 아니지만, 그래도 바닥은 피할 수 있다. 반면, 무책임하게 달아 놓은 낚시 성 제목에 현혹돼 '듣보잡' 미디어를 클릭하면 낭패를 보기 십상이다. 기사 제목은 엉터리이고, 내용은 부실할뿐더러 뉴스인지 광고판인지 분간이 안 될 만큼 덕지덕지 붙어 있는 광고가 자꾸 클릭돼 끝까지 읽기가 힘들고 빠져나오기도 어렵다. 악성 뉴스 어뷰징에 걸려드는 것이다.

기사 본문을 읽기 전 댓글을 검색하는 것도 권하고 싶지 않다. 댓글이 기사에 대한 선입견 또는 편견을 만들기 때문이다. 내용 파악 후 판단을 내리는 게 아니라 해석 틀, 즉 프레임을 갖고 내용을 접하면 정확한 이해가 어려워진다. 댓글에는 역기능이 많다. 극단적이고, 선정적이며, 근거 없는 음모론적 시각을 담은 주장이 상당한데 사람들은 이런 데 쏠리기 쉽다. 이를 노리는 온라인 공간의 집단을 RAM으로 지칭한다고 했다.

성장을 거듭하고 있는 유튜브 시장은 어떤가? 정치와 시사, 사회문제를 다루는 1인 콘텐츠의 자극적 갈등 조장이 횡행하고 있다. 보수든 진보든 다를 바 없다. 그러지 않으면 구독자가 확보

되지 않아 수입에 차질이 생기기 때문이다. 사람은 본능적으로 싸움구경과 불구경을 좋아한다고 한다. 싸움은 욕하면서도 즐겨본다. 그걸 파고든 것이 그런 유튜브 콘텐츠이다. 노란딱지를 붙여 문제 콘텐츠를 제재한다고 하지만, 유튜버들은 경계를 넘나들며 구독자를 홀리고 있다. 매도, 막말, 터무니없는 주장, 실체 없는 자극적 제목 등이 막 돌아다닌다. 여기에 길들여지면 고정관념이 돌처럼 굳어지고, 생각은 극단으로 쏠린다. 입장이 다른 집단에 대한 분노가 치민다. 이런 상태로는 합리적인 뉴스소비가 불가능하다.

다음은 '해야 할 일'이다. 말하기가 다소 조심스럽다. 다수가 좋아하는 방법이 아닐 게 분명하기 때문이다. 하지만 어차피 개인의견이고, 소수라도 동의하고 실행한다면 의미 있는 일이므로 밝히겠다. 첫째가 신문읽기이다. 신문 구독률이 하루가 다르게 떨어지고 있음을 잘 안다. 개선 기미가 보이지 않는 상업주의와 정파성이 지탄을 받는 것도 주지의 사실이다. 신문이 몇 개 빼고 다 사라지는 것은 시간문제라는 전망이 나온 것도 오래 전이다. 무엇보다 디지털 미디어시대에 종이 텍스트라니, 젊은 세대일수록 납득이 어려울 것이라는 점도 이해한다.

그럼에도 확신을 갖고 말할 수 있다. 신문은 여전히 저널리즘의 중심이다. 그래도 신문을 읽어야 리터러시 역량을 키울 수 있다는 이야기다. 근거는 이런 것이다. 다음은 신문이 갖고 있는 비교우위(比較優位)의 요소들이다.

맥락(context)
의제설정(agenda setting)
특종(exclusive story)
깊이(depth)
관점(viewpoint)
씨앗뉴스(seed news)

맥락(context)은 사건의 배경과 전후 상황을 연결 지어 알려주는 기능을 뜻한다. 그럼으로써 사건에 대한 종합적인 파악이 가능하도록 도와준다. 예컨대 대형사건이 1면 톱 스트레이트로 보도되면 3면에 해설과 인터뷰, 사회면에 현장 주변 스케치, 오피니언 면에 외부 칼럼과 사설이 게재된다. 이걸 찬찬히 읽으면 사건을 전체적, 입체적으로 이해할 수 있다. 다른 미디어는 이 점에서 신문을 절대 따라올 수 없다. 포털에서 이게 얼마나 가능한가? 관련 해설기사와 사설과 칼럼까지 클릭을 반복하며 따로 찾아 읽는 사람은 드물다. 비슷한 스트레이트 기사를 또 찾아 읽거나 댓글 보는 쪽이 다수이다. 이런 점 때문에 신문과 포털에서의 뉴스 소비는 각각 '패키지 소비'와 '낱개 소비'에 비유할 수 있다. 어느 쪽이 제대로인가? 무엇을 선택해야 할지 답은 나와 있다.

혹자는 방송도 중요 뉴스를 패키지로 편성한다며 신문과 다르지 않다고 주장할지 모른다. 방송이 그렇게 하는 것은 사실이지만, 이후 수용자들에게 나타나는 효과(effect)의 차이를 간과한 이야기다. 영상을 보는 것과 텍스트를 읽는 것은 같은 내용이라도 기억과 이해의 차이를 만든다. 보는 것은 미디어 주도적 과정인 반면 읽는 것은 독자 주도적이기 때문이다. 맞는 말 아닌가? 방송뉴스는 시청자가 수동적으로 영상을 따라가며 소화해야 하지만, 신문 보도는 독자 스스로 시간과 순서를 조절하면서 읽기와 생각하기를 진행할 수 있다. 따라서 같은 내용의 뉴스라도 실질적 노출 시간은 방송 시청자보다 신문독자가 길 것이라는 추론이 가능하다. 신문이 갈수록 팔리지 않는 이유 중 하나도 이것이라고 생각한다. 읽는 데 에너지가 많이 소비되기 때문이다. 저 앞에서 읽은 『생각에 관한 생각』에서 대니엘 카너먼이 말한 우리 뇌 속의 '시스템 2'를 자꾸 가동해야 하니 사람들은 피곤하다. 시스템 2는 분석, 계산, 통찰 등 골치 아픈 작업을 담당하는 영역으로 정의됐었다. 하지만 노력이 없으면 성취도 없는 법이다. 리터러시를 잘 하려면 귀찮더라도 머리를 자주 써야한다. 어느 나라든 신문을 주요 소비매체로 삼는 사람들의 지적 능력과 경제수준이 최 상위권을 유지하는 것은 우연이 아니다.

의제설정(agenda setting)은 신문이 기획기사 등을 통해 사회적으로 중요하다고 여겨지는 아젠다, 즉 의제를 부각하는 일이다. 이 역시 신문이 앞서 있다. 의제는 단발성 기사가 아니다. 어두운 단면, 고질적 병폐, 뉴 트렌드 등을 주제로 오랜 시간의 폭넓은 취재 과정을 거쳐 시리즈 형태로 보도되는 게 보통이다. 보도 후 시중의 뜨거운 화제가 되거나 관련 정책변경을 이끄는 사회적 파급력을 발휘한다. 현재 진행형 사건이 아니라, 미처 몰랐던 사회의 실상을 접하고 싶다면 신문을 읽는 쪽이 가성비가 높을 것이다.

특종(exclusive story)은 하나의 언론사가 특정 내용을 단독으로 보도하는 것을 말한다. 요즘은 특종 기사라도 거의 보도와 동시에 포털에 올라와 수많은 기사와 뒤섞여 버리므로 수용자로서는 분간이 어렵다. 하지만 기자들끼리는 다 안다. 필자 역시 특종에 목을 걸었던 시절이 있었다. 특종이 중요한 것은 언론사의 위상과 기자의 취재역량을 보여주는 척도이기 때문이다. 정확한 통계는 없지만, 신문과 방송 중심의 근대적 뉴스시장이 정착된 1960년대 이래 대형 특종은 신문이 압도적으로 많았을 것으로 확신한다. 물론 특종이 순전히 기자의 노력에 의해 만들어지는 것은 아니다. 큰 뉴스일수록 송신자, 취재원의 의도가 주도적으로 작용하는 경우가 많다고 설명한 바 있다. 그럼에도 불구하고 특종은 아무나 할 수 있는 게 아니라는 점에서 해당 언론의 신뢰도를 판단하는 잣대가 된다.

깊이(depth)는 중요 사안에 대한 심층취재 또는 심층인터뷰와 같은 기사에서 확인할 수 있다. 현상을 그저 따라가는 게 아니라 저변의 구조와 배경 등을 파고들어 전모를 종합적으로 파악할 수 있게 도와준다. 최소 1개면에서 몇 개 면을 통으로 털어 같은 주제의 관련 기사들을 게재하기에 수많은 사실들의 연관성과 경중을 하나의 체계 속에서 평가하고 이해할 수 있다. 뉴스가 독특한 상품인 이유는 부패가 빠르다는 점에도 있다. 타사와의 경쟁에서 때를 놓치면 상품가치가 사라진다. 이제 경쟁의 단위가 분, 초로 쪼개지면서 속도는 더욱 사활적 의미를 갖게 됐다. 한발 앞선 보도인 '속보(速報)'와 후속 보도인 '속보(續報)' 경쟁으로 범람하는 기사에 파묻혀 도무지 뭐가 뭔지 잘 모르겠다는 수용자들은 신문의 심층보도를 눈여겨보기 바란다.

관점(viewpoint)은 신문의 오피니언 면이 주로 제공하는 해석 틀, 즉 프레임을 말한다. 언론사의 정리된 입장인 사설과 사내 필진과 외부 전문가들의 칼럼, 독자기고 등을 통해 사안의 본질은 무엇이고 어떻게 바라봐야 할 것인지(how to think)에 대한 윤곽을 잡을 수 있다. 특히 논리와 전문성이 뒷받침된 사설과 칼럼은 다른 미디어에서 얻기 어려운 신문만의 강점이다. 하지만 열독률은 높지 않다. 글의 난이도가 다른 미디어의 콘텐츠에 비해 높기 때문이다. 그런 까닭에 읽어두면 남는 게 많다. 말했듯이 신문은 수용자의 에너지가 많이 소비되는 미디어이다. 가치 있는 것은 쉽게 얻어지지 않는다. 물론 신문의 정파성으로 인한 편파적 프레임이 걱정될 수도 있다. 그래도 꾸준히 읽으면 보수든, 진보든 평균을 넘는 리터러시 격조를 갖출 수 있다.

씨앗 뉴스(seednews)는 문자 그대로 씨앗의 역할을 하는 뉴스라는 뜻으로, 시장에 던져진 뒤 후속 기사를 낳고 의미가 재해석되는 '1차 뉴스'라고도 표현된다. 디지털 미디어와 대중 연결 시대에 새롭게 만들어진 개념인데 어디서 비롯됐는지 찾아보면 신문인 경우가 많다. 이는 의제설정, 특종, 깊이, 관점 등 신문의 특장이 두루 작용한 결과로 볼 수 있다.

김성해 대구대 교수는 2011년 학술토론회에서 "디지털 혁명에도 불구하고 포털 등을 통해 소비되는 뉴스 역시 대부분의 1차적 출처는 신문이며 방송이나 잡지, 라디오와 인터넷의 뉴스 생산역량은 신문에 비할 바가 아니다"고 말했다. 시간이 흘렀지만, 이것은 여전히 변하지 않고 있는 사실이다.

두 번째 '해야 할 일'은 교차 확인이다. 중요한 사안일 경우 하나의 미디어 뉴스만 보고 끝내지 말고 다른 미디어는 어떻게 보도했는지 체크할 필요가 있다. 뉴스를 구성한 사실이 정확한 것인지 따져보는 일도 중요하다. 전문가들은 보도방향과 내용에 대한 합리적 의심을 하는 습관을 들여야 한다고 지적한다. 뉴스의 출처가 신뢰성 있는 곳 또는 사람인지, 글쓴이 또는 기사에 등장한 화자(話者)가 전문성이나 자격을 갖춘 사람인지, 현실성이 있는 내용인지 따져봐야 한다. 국내 주요 일간지를 탐독하더라도 현실적으로 해결되지 않는 부분이 정파적 편향이다. 그땐 반대 성향의 신문이나 방송의 뉴스와 비교해 보는 게 도움이 된다. 그렇게 하면 실제 양쪽의 차이가 유튜브나 온라인 상 드러나는 싸움의 수준보다 덜하다는 걸 알게 될 확률이 높다. 필자의 경험이기도 하다. 선정적인 저질 기사로 갈등을 증폭시키는 것은 대개 상업과 정치 등 불순한 목적 때문이다. 막상 내용을 들여다보면 의외로 접점이 존재함을 확인할 수 있다. 이 또한 수용자들의 수고를 요구하는 일이다. 아무리 머리를 쥐어짜 봐도 더 이상의 지름길이나 왕도(王道)는 없다.

'해야 할 일'의 마지막이다. 가장 어려울 수도 있겠다. 바로 '나'를 성찰하는 것이다. 미디어 리터러시를 방해하는 최대 장애물은 우리 자신일 수 있다. 앞에서 대중의 수많은 인지적 결함과 그에서 비롯되는 판단착오, 그리고 결과로서 나타나는 사회적 비용에 대해 길게 이야기했었다. 게다가 대중은 지적으로 게으르다. 이미 알고 있는 것 외에 새로운 사실을 습득하는 것을 귀찮아하는 '인지적 구두쇠(cognitive miser)'들이다. 이제는 디지털 기술과 정보를 손에 쥐면서 스스로가 훨씬 똑똑해졌다고 여기고 있다. 이해력, 판단력 장애가 있는데 그걸 인정하고 고칠 가능성은 점점 낮아지고 있는 것 같다. 하지만 이걸 어떻게든 손보지 않으면 미디어 리터러시는 그저 말로 끝나는 구두선(口頭禪)이 된다. 집단적으로, 한 번에 상황을 호전시킬 방법은 없다. 개개인이 알아서 노력하는 수밖에 없다. 그래서 전체적인 전망은 밝지 않은 편이다.

미국의 논픽션 작가인 리 매킨타이어가 쓴 『포스트 트루스(Post-Truth)』에서 찾은 구절로 결론을 대신하겠다. 이 책은 『옥스퍼드 사전』이 2016년 올해의 단어로 선정한 '포스트 트루스'

즉 '탈진실'을 주제로 과거와 현재의 실상을 분석하고 있다.

"탈진실에 맞서 싸우는 가장 중요한 방법 중 하나는 우리 속에 있는 탈진실적인 경향성을 물리치는 것이다. 우리 모두는 탈진실로 이어질 수 있는 다양한 인지 편향을 타고난다. 따라서 탈진실이 다른 사람에게만 나타난다거나 다른 사람에게만 문제를 초래한다고 가정해서는 안 된다. 우리는 진실을 발견할 준비가 되어 있는가? 어차피 우리가 모든 사실을 파악할 수는 없다고 마음 속 목소리가 속삭이더라도 '자신이 믿고 싶어 하는 사실'을 의심할 준비가 되어 있는가?"

모두의 건투를 빈다.

늦은 공부와 강의의 기록

"책 한권 써봐" 신문기자와 공직생활을 마치고 야인이 되었을 때 가장 많이 들었던 말이다. 그럭저럭 괜찮은 경력이니 보고 들은 걸 이야기로 풀면 읽을 만하지 않겠느냐는 조언이자 내 장래에 대한 걱정이었다. 그 때마다 나는 "써봐야 잡문(雜文)인데 그런 걸 뭐하러?"라며 겸손한 척 손사래를 쳤지만, 실은 잡문이나마 쓸 수 있는 주제의식이나 콘텐츠가 마땅치 않았다.

　　그로부터 거의 9년이 지났다. 그 동안 대학원에서 뒤늦은 공부를 하고, 대학에서의 강의기회도 꾸준히 가졌다. 이 대목에서 오해가 있을지 모르겠다. "그래서 지금은 자격이 갖추어져 책을 썼다"고 말하려는 게 아니다. 부족한 것은 전과 다르지 않다.

깊이면 깊이, 생생함이면 생생함 중 하나는 있어야 하겠는데 써 놓고 보니 둘 다 아닌 것 같다. 역시 나는 학자도 아니고, 현업 종사자도 아닌 어정쩡한 경계인이다.

하지만 이번에는 '기록'을 위해 썼다. 이 책은 나의 강의록이다. 쌓인 공부와 강의와 생각을 이쯤에서 정리해보는 것이 의미가 있겠다 싶었다. 그리고 내 머리와 자료 속에 두서없이 떠다니는 많은 이야기를 최대한 빠뜨리지 않고 가둬둘 수 있는 하나의 울타리가 '가짜세상 가짜뉴스'라고 생각했다. 훗날 '내 책'을 가끔씩 들춰보면 재미있겠다는 기대도 생겼다.

쓰는 내내 대학 강의실에서 학생들에게 미디어 관련 교양강의를 하는 호흡과 이미지를 유지하려고 노력했다. 주제는 심각하지만, 가능한 한 쉽고 편하게 읽으면서 전에 하지 못했던 새로운 생각의 단초를 얻어 갈 수 있는 내용을 담으려고 했다. 전문가들은 나의 미숙한 주장과 해석을 질타할지 모르지만, 웃으며 읽어주시면 감사하겠다.

이런 장문의 글은 처음이었기에 가끔 길을 잃기도 했으나, 고통보다는 즐거움과 감사의 시간이 훨씬 많았다. 신문기자로서 글과 친해진 것이 행운이라는 생각이 새삼 들었다. 글을 쓸 때 충만한 자극과 성취를 느끼는 나를 거듭 발견할 수 있었다. 잘 쓰기 때문이 아니다. 절제와 정확성을 요구하는 글의 압박은 언제나 마력이 있다.

불과 몇 달 전까지 생각도 못했던 출판을 하게 된 것은 당연히 여러 분의 도움이 있었기에 가능했다. 어리바리한 늦깎이 박사과정 학생을 무탈하게끔 이끌어주신 한양대 미디어커뮤니케이션학과 한동섭 교수님(한국방송학회장)께 감사드린다. 안동근, 이재진, 류웅재 교수님과의 인연도 늘 감사하게 생각하고 있다. "이제는 쓸 때가 됐다"는 격려와 함께 표지 디자인을 자청한 김연정 선생님 역시 빼놓을 수 없다. 흔쾌히 출판을 허락해준 <행복우물> 관계자들께 고맙다는 말씀을 드린다.

아울러, 어려운 상황을 맞을 때마다 자기 일처럼 걱정하고 함께 뛰어주신 조명구, 이종훈 두 분 선배님께 특별한 감사의 마음을 전하지 않을 수 없다. 공부와 강의는 이 분들의 지도와 노고가 없었다면 시도조차 어려웠을 것이다. 수원대 박철수 총장님의 따뜻한 배려 역시 잊을 수 없다.

출판된 책을 보면서 제일 먼저 떠오른 것은 기뻐하시는 부모님 얼굴이었다. 이걸 보시며 육신의 불편을 잠시나마 잊으실 수 있다면 보람이 크겠다. 삶의 조력자이자 버팀목인 아내의 후원이 절대적이었던 것은 두 말할 나위가 없다. 이 책이 머지않아 독립하게 될 사랑하는 두 딸의 서재에 오래토록 꽂혀 있을 수 있다면 그런 기쁨이 또 없겠다. 이 모든 일을 있게 하신 에벤에셀 하나님께 감사를 드린다.

2020년 늦은 가을.
부암동 공부방에서.
유성식.

참고문헌

○ 한동섭(1999). 국가기구의 의제설정과 미디어 경제의 선차성에 관한 연구 - 스튜어트 홀의 일차규정자론에 대한 비판을 중심으로. 『지역과 커뮤니케이션』, 3권 1호.

○ 최진호, 한동섭(2012). 언론의 정파성과 권력 개입 : 1987년 이후 13~17대 대선 캠페인 기간의 주요일간지 사설 분석. 『언론과학연구』, 12권2호.

○ 김경모, 한국언론진흥재단(2011). 『한국형 뉴스 아카이브 구축을 위한 기초 조사 연구』. 서울 : 한국언론진흥재단.

○ 길재섭(2017). 『뉴스생산 관행에 대한 한국 언론인들의 태도 유형 연구 - Q 방법과 심층인터뷰를 중심으로』. 박사학위논문. 경성대학교 대학원.

○ 허명숙(2008). 『지역 언론사에 내재한 성차별에 대한 연구: 전북지역 기자들의 심층인터뷰를 중심으로』. 박사학위논문. 전북대학교 대학원.

○ 고흥석 이건호(2008). 조선일보와 한겨레신문의 미국 쇠고기 수입 관련 기사에 나타난 취재원 분석. 『한국언론학회 학술대회 발표집』, 10-3.

○ 송상근(2016). 취재원 사용의 원칙과 현실. 『한국언론학보』, 60권5호.

○ 이윤희(2017). TV뉴스의 익명 취재원 보도에 대한 방송기자의 인식 연구.『한국언론학보』, 61권5호.

○ 이준웅, 양승목, 김규찬, 송현주(2007). 기사 제목에 포함된 직접인용 부호 사용의 문제점과 원인.『한국언론학보』, 51권3호.

○ 남재일(2006). 1987년 민주화 이후 취재관행에 나타난 정권-언론관계 변화.『한국언론학보』, 50권4호.

○ 김창숙(2019).『사실 확인인가, 사실 만들기인가 한국 신문 사실 확인 관행연구』. 박사학위논문. 이화여자대학교 대학원.

○ 남재일, 이강형(2017). 좋은 저널리즘'의 구성 요소에 대한 기자 인식 변화 추이.『언론과학연구』, 17권2호.

○ 김재선(2014). Q방법을 통한 한국 신문기자들의 북한에 대한 인식유형 연구.『언론과학연구』, 14권4호.

○ 정재민(2009). 경쟁가치모형에 따른 신문산업의 조직문화 연구 - 편집국과 비편집국 종사자의 인식 차이.『한국언론학보』, 53권4호.

○ 이오현(2019). 한국 신문의 뉴스 생산문화에 대한 비판적 연구: 중앙일간지의 조직문화와 기사생산의 문제를 중심으로.『한국언론정보학보』, 97권.

○ 박재영(2005). 공정성의 실천적 의미 - 문화일보 2002년 대선(大選) 보도의 경우.『한국언론학보』, 49권2호.

○ 장금미(2016).『한국 언론의 정파성 발현 기제-국가정보원의 제 18대 대선개입 관련 기사분석을 중심으로』. 석사학위논문. 고려대학교 대학원.

○ 배정근(2010). 광고가 신문보도에 미치는 영향에 관한 연구 - 그 유형과 요인을 중심으로.『한국언론학보』, 54권6호.

○ 이충재, 김정기(2015). 종합일간지 편집국장의 편집권에 대한 인식 연구 - 10개 일간지 전·현 편집국장을 대상으로.『한국언론학보』, 59권6

호.

○ 임봉수, 이완수, 이민규(2014). 뉴스와 광고의 은밀한 동거 - 광고주에 대한 언론의 뉴스구성.『한국언론정보학보』, 66권2호.

○ 정동우(2010). 시장지향적 저널리즘에 대한 기자들의 수용태도.『한국언론정보학보』, 49권1호

○ 김경모, 신의경(2013). 저널리즘의 환경 변화와 전문직주의 현실: 반성적 시론.『언론과학연구』, 13권2호.

○ 김영욱(2011). 한국 언론의 정파성과 사회적 소통의 위기. 한국언론학회 심포지움

및 세미나.

○ 이정훈, 이상기(2016). 민주주의의 위기와 언론의 선정적 정파성의 관계에 대한 시론.『한국언론정보학보』, 77권3호.

○ 김위근(2019). 한국 언론 신뢰도: 진단과 처방.『한국방송학회 학술대회 논문집』, 4호

○ 현윤진(2019).『뉴스와 소셜 데이터를 활용한 텍스트 분석 기반 가짜 뉴스 탐지 방안』. 박사학위논문. 국민대학교 대학원.

○ 박진우(2019).『가짜 뉴스 수용과 전파에 영향을 미치는 심리적 요인들에 대한 연구 : 수용자의 편향적 매체 지각과 편향적 정보처리, 그리고 소셜 네트워크 구조 인식을 중심으로』. 박사학위논문. 한양대학교 대학원.

○ 배영(2017). 페이크 뉴스에 대한 이용자 인식조사 결과.『KISO포럼:페이크 뉴스와 인터넷』.

○ 박한명(2017). 가짜뉴스는 기성언론의 책임.『한반도선진화재단 단행본』.

○ 김익현(2017). 가짜뉴스 현상에 대한 두 가지 고찰 - 의도된 가짜와 매

개된 가짜라는 관점을 중심으로. 『언론중재』, 142권.

○ 김종현(2019). 가짜뉴스의 규제에 관한 비교법적 연구 - 미국의 논의를 중심으로. 『서울대학교法學』, 60권3호.

○ 이은지, 김미경 등(2019). 소셜커뮤니케이션 행동에 대한 뉴스 소비자의 확증편향과 관여도 매개효과: 진짜뉴스와 가짜뉴스 비교. 『예술인문사회융합멀티미디어논문지』, 9권4호.

○ 윤성옥(2019). 가짜뉴스 규제 법안의 특징과 문제점. 『언론과 법』, 18권 1호.

○ 최동섭(1997). 『오보(誤報)의 발생 원인에 대한 연구 : 언론 관행을 중심으로』. 석사학위논문. 서강대학교 언론대학원.

○ 장대익(2019). 『사회성이 고민입니다』. 서울 : 휴머니스트출판그룹.

○ 박주현(2017). 『기자 없는 저널리즘』. 서울 : 커뮤니케이션북스.

○ 김성해(2011). 『한국의 뉴스 미디어』. 서울 : 한국언론진흥재단.

○ 다니엘 부어스틴 지음. 정태철 역(2004). 『이미지와 환상』. 서울 : 사계절.

○ 맥스웰 맥콤스 지음. 정옥희 역(2012). 『아젠다세팅』. 서울 : 엘도라도.

○ 마이클 셔드슨 지음. 이강형 역(2014). 『뉴스의 사회학』. 서울 : 한국언론진흥재단.

○ 노엄 촘스키·에드워드 허먼 지음. 정경옥 역(2006). 『여론조작』. 서울 : 에코리브르.

○ 댄 히스 등 지음. 안진환 역(2009). 『스틱!』. 서울 : 엘도라도.

○ 파하드 만주 지음. 권혜정 역(2011). 『이기적 진실』. 서울 : 비즈앤비즈.

○ 캐스 선스타인 지음. 이정인 역(2011). 『우리는 왜 극단에 끌리는가』. 서울 : 프리뷰.

○ 대니얼 카너먼 지음. 이진원 역(2012). 『생각에 관한 생각』. 파주 : 김영

사.

○ 월터 리프먼 지음. 이충훈 역(2012).『여론』. 서울 : 까치글방.

○ 임상원(2017).『저널리즘과 프래그머티즘』. 서울 : 아카넷.

○ 귀스타브 르봉 지음. 김성균 역(2008).『군중심리』. 서울 : 이레미디어.

○ 김정운(2018).『에디톨로지』. 서울 : 21세기북스.

○ 리 매킨타이어. 김재경 역(2019).『포스트트루스』. 서울 : 두리반.

추천도서.

대표를 꿈꾸는 당신에게

야 너도 대표 될 수 있어

코로나와 경기침체는 스타트 업을 꿈꾸는 당신에게 절호의 기회!

1. 1973년 중동전쟁 발발이후 1차 오일쇼크, 석유가격이 급등했던 불황과 늪에서 빌 게이츠는 폴 앨런과 함께 마이크로소프트를 창업했다

2. 2008년은 전 세계가 글로벌 금융위기로 두려움에 떨고 있을 때 브레이언 체스키와 조 게비아와 네이션 브레차르지크는 에어비앤비(Airbnb)를 설립하였고, 개릿 캠프와 트래비스 캘러닉은 우버(Uber) 서비스를 출시하였다.

3. 역시 금융위기가 한창인 2009년에 와츠앱(WhatsApp) 메신저와 카카오 내비게이션의 전신인 '김기사컴퍼니'가 출시되었고, 김범수 카카오이사회 의장도 2009년에 사업을 시작했다.

〈야 너도 대표 될 수 있어〉와 함께하는 스타트업과 창업 완전 정복
이론에서 실전까지. 지은이: 박석훈, 주학림, 장보윤, 김성우

경영 경제

한식대첩 서울대표, 김치 명인이 궁금해

김경미의 반가음식 이야기

〈여성조선〉 칼럼에 인기리에 연재된 반가음식 이야기 출시

김경미 선생이 공개하는 반가의 전통 레시피

하나. 균형잡힌 전통 다이어트 식단

둘. 아이에게 좋은 상차림

셋. 몸을 활성화시켜주는 상차림

넷. 제철 식단과 별미음식

전통음식 연구가이자 대통령상 수상 김치명인인 김경미 선생은 우리 전통음식의 한 종류인 '반가음식'을 계승하고 우리 전통문화의 멋을 알리고자 힘쓰고 있다. 대학과 민간연구소에서 전통음식 연구에 평생을 전념했다. 김경미 선생은 국민훈장 목련장을 수상한 바 있는 반가음식의 대가이신 故 강인희 교수의 제자이다.

[Instagram] banga_food_lab

요리 실용

휴식이 필요한 당신에게

삶의 쉼표가 필요할 때
낙타의 관절은 두 번 꺾인다
옷을 입었으나 갈 곳이 없다

꾸준히 사랑받는 행복우물의 여행에세이/에세이 시리즈.

베스트셀러 작가가 되어버렸다! 금감원 퇴사 후 428일간의 세계일주 –
꼬맹이여행자의 이야기를 담은 〈삶의 쉼표가 필요할 때〉, 암과 싸우며
세계를 누비고 온 '유쾌한' 에피 작가의 〈낙타의 관절은 두 번 꺾인다〉,
아름다운 문장으로 펜들의 마음을 사로잡은 이제 작가의 〈옷을 입었으나
갈 곳이 없다〉, 쉼표가 필요한 당신에게 필요한 잔잔한 울림들.

"손가락 사이로 미끄러지는 빛은 우리의 마음을 헤쳐 놓기에 충분했고,
하얗게 비치는 당신의 눈을 보며 나는, 얼룩같은 다짐을 했었다"
_ 이제, 〈옷을 입었으나 갈 곳이 없다〉

──────────────────────────── 에세이 여행

행복우물출판사 출간 도서

● 경영 경제　　　자본의 방식 / 유기선
　　　　　　　　출판문화진흥원 중소출판사 우수도서 선정작 —
　　　　　　　　돈과 자본에 대한 통찰력있는 지식의 향연
　　　　　　　　KAIST 금융대학원장 추천도서, 2020 확고한 스테디셀러

　　　　　　　　어서와 주식투자는 처음이지 / 김태경 외
　　　　　　　　주식투자에 대한 재미있는 입문서 —
　　　　　　　　돈이 되는 가치투자를 알려주는
　　　　　　　　회계사와 증권전문가가 풀어내는 제대로된 투자 여행

● 출간 도서　　　청춘서간 / 이경교 ○ 한 권으로 백 권 읽기 / 다니엘 최 ○
　　　　　　　　흉부외과 의사는 고독한 예술가다 / 김응수 ○ 겁없이 살아 본
　　　　　　　　미국 / 박민경 ○ 나는 조선의 처녀다 / 다니엘 최 ○ 하나님의
　　　　　　　　선물 – 성탄의 기쁨 / 김호식, 김창주 ○ 해외투자 전문가 따라하기
　　　　　　　　/ 황우성 외 ○ 꿈, 땀, 힘 / 박인규 ○ 바람과 술래잡기하는 아이들
　　　　　　　　/ 류현주 외 ○ 삶의 쉼표가 필요할 때 / 꼬맹이여행자 ○ 신의
　　　　　　　　속삭임 / 하용성 ○ 바디 밸런스 / 윤홍일 외 ○ 일은 삶이다 /
　　　　　　　　임영호 ○ 일본의 침략근성 / 이승만 ○ 뇌의 혁명 / 김일식 ○
　　　　　　　　벌거벗은 겨울나무 / 김애라 ○ 아날로그를 그리다 / 유림

행복우물 출판사는 재능있는 작가들의 원고투고를 기다립니다
(원고투고) contents@happypress.co.kr

가짜세상 가짜뉴스 초판 1쇄 발행 2020년 11월 30일

지은이	유성식
펴낸이	최대석
편집	최연, 이선아
디자인	김연정, 김수연, FC LABS
마케팅	신아영, 김영아

펴낸곳	행복우물
등록번호	제307-2007-14호
등록일	2006년 10월 27일
주소	경기도 가평군 가평읍 경반안로 115
전화	031)581-0491
팩스	031)581-0492
홈페이지	www.happypress.co.kr
이메일	contents@happypress.co.kr
ISBN	978-89-93525-93-9 03300
정가	15,300원

이 책의 국립중앙도서관 출판예정도서목록(CIP)은
서지정보유통시스템 홈페이지(http://seoji.nl.go.kr와
국가자료공동목록시스템(http://nl.go.kr/kolisnet)에서
이용하실 수 있습니다.